그리스도의 교회

이문선 지음 • 두루제자훈련원 편

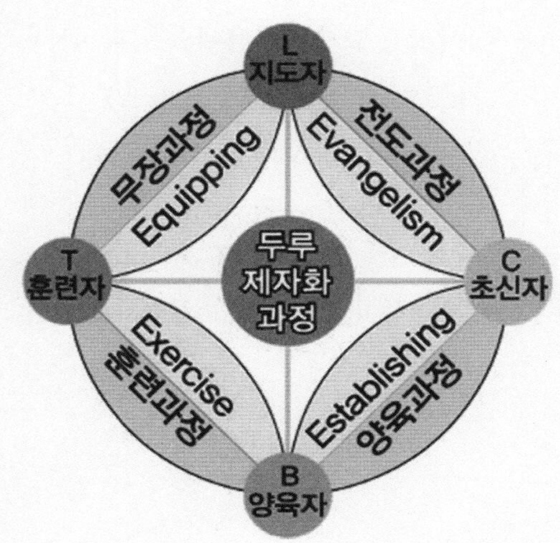

엔 크리스토
ENCHRISTO

"예수께서 모든 도시와 마을에 두루 다니사
그들의 회당에서 가르치시며
천국 복음을 전파하시며
모든 병과 모든 약한 것을 고치시니라"

(마 9:35)

두루제자훈련원(두루선교회)은
예수님이 모든 도시와 마을에 두루 다니사
가르치시며(teaching ministry)
전파하시며(preaching ministry)
고치시는(healing ministry)
사역을 하신 것을 통하여
두루선교에 대한 비전을 가지고 사역하고 있다.

···두루제자훈련 교재를 **발간**하며

주님께서 우리에게 부탁하신 지상명령은 이 땅 위에 하나님의 나라를 확장하라는 것입니다.

하나님의 나라를 확장하려면 평신도들이 재생산하는 주님의 제자가 되어야 합니다. 주님의 교회는 성도들을 재생산하는 제자로 훈련시켜야 합니다.

이것은 교회 성장을 넘어 교회보다 더 큰 개념인 하나님 나라의 확장을 이루기 위한 것입니다. 우리는 지상명령을 실천하기 위하여 평신도를 무장하려고 합니다.

이 일을 위한 방편으로 그 동안 교회의 목회 현장에서 목회자들과 성도들과 청년들과 함께 공부해 오던 내용들을 정리하여 부족하지만 교재로 출간하게 되었습니다.

본인의 경우 부교역자 때 처음 청년부에 적용해 보았는데 그들이 예수님을 영접하고 말씀을 열심히 배우고 교회로 돌아오고 변화되는 것을 경험하였습니다.

교회를 개척하여 장년부에도 적용하여 보았는데 기존 교인들보다 오히려 초신자들이 더 열심히 배우고 빠르게 성장하는 것을 경험하였습니다.

고등학생 두 명을 데리고 제자성경공부를 시작하였는데 이들이 크게 성장하여 이후 대학에 들어가 캠퍼스에서 제자훈련을 실시하게 되었습니다.

복음을 듣고 교회 출석하여 6개월만에 학습 받고 캠퍼스 리더로 사역하는 모델도 나왔습니다. 큰 교회는 말할 것도 없거니와 작은 교회는 한번 실시해 보기를 권합니다.

개척교회라 사람이 없으면 여자반, 남자반, 청년반, 학생반 네 반을 만들어 각 반에 최소 두 명으로 시작해 볼 것을 권합니다. 교회가 건강하게 성장하고 성도들이 행복하게 신앙 생활하며 재생산하는 것을 경험하게 될 것입니다.

하나님께서 훈련되고 무장된 성도들을 구름 떼와 같이 일으키셔서 하나님의 나라가 크게 확장되어 가기를 소망합니다.

2006. 새해 아침에

이문선(Moon Sun Lee)

>>목회자반

그리스도의 교회에 대한 정확한 교회관을 이처럼 알기 쉽게 정리한 교재를 지금까지 만나지 못했습니다.

교회에 대한 성경적 접근을 제대로 하지 못한 가운데 행해지는 모든 행위들은 주님의 몸 된 교회를 오히려 무너뜨리는 결과를 가져올 수 있다는 것을 말씀을 배우면서 깊이 깨닫게 되었습니다. 더군다나 교회는 하나님의 가족이라는 의미를 깊이 생각할 때에 육체적 가족도 그렇게 사랑하고 아끼는데 예수 그리스도의 피로 말미암아 한 가족이 된 교회야말로 얼마나 더욱 사랑해야 되겠는가를 깊이 깨닫게 되었습니다. 몸 된 교회의 모델을 초대교회에서 본받게 되었습니다.

그 교회의 중심에는 성령의 역사가 있었다는 사실을 통해 교회에 있어서 성령의 역사야말로 가장 중요한 부분이라는 사실을 알게 되었습니다.

>>평신도반

4단계는 이전 단계와는 전혀 다른 신앙 공동체인 교회가 무엇이며 교회의 지체들인 성도의 사명은 무엇이고 오늘날의 교회가 지향하고 회복해야 할 부분들은 무엇인지 자세하게 공부했다.

공부하면서 참 부끄러웠다. 교회의 잘못을 지적하면서 나와는 아무 상관이 없는 것처럼 생각했었던 내가 사실은 교회의 한 지체의 역할을 다하지 못하므로 교회를 아프게 했고 분쟁하므로 그리스도의 몸을 나누었고 다른 지체를 돌아보지 않고 방관하므로 그리스도의 몸이 건강하게 성장하는 것을 돕지 못했음을 깨닫고…

성도들에게 각기 다른 은사를 주시면서 까지 교회가 온전하게 성장하기를 원하시는 하나님의 열심을 따라 내게 주신 은사를 발견하고 계발하여 성도들을 섬기며 하나님의 영광을 나타내는 사랑의 가족 공동체가 되도록 힘써야겠다.

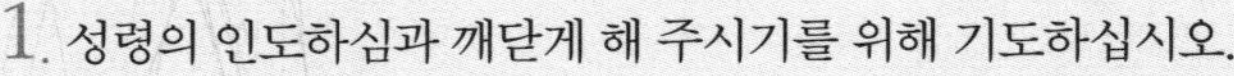

1. 성령의 인도하심과 깨닫게 해 주시기를 위해 기도하십시오.

2. 결석과 지각을 하지 않고 성실히 참석하도록 하십시오.

3. 예습과 복습을 철저히 하십시오.

4. 각 참고 구절의 배경과 의미를 파악하십시오.

5. 토의에 적극 참여하도록 하십시오.

6. 열린 마음으로 정답이 아니라 자신의 생각을 나누십시오.

7. 작은 실천을 구체적으로 적용하십시오.

8. 적용한 것을 실천하기 위해 기도하십시오.

9. 지식적인 성경공부보다 인격과 삶의 변화에 힘쓰십시오.

10. 각 과의 소감과 깨달은 말씀을 정리해 놓으십시오.

11. 과제를 철저히 하는 습관을 기르십시오.

12. 매일 경건 생활을 훈련하는 습관을 기르십시오.

1. 교회란 무엇입니까?

"너희는 너희가 하나님의 성전인 것과
하나님의 성령이 너희 안에 계시는 것을 알지 못하느냐" (고전 3:16)

1

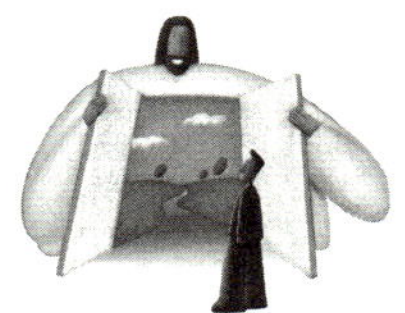

교회(church)는 주님께 ____ 것이라는 의미의 단어입니다.

(행 20:28) 여러분은 자기를 위하여 또는 온 양 떼를 위하여 삼가라 성령이 그들 가운데 여러분을 감독자로 삼고 하나님이 자기 피로 사신 교회를 보살피게 하셨느니라

(고전 6:19) 너희는 너희 자신의 것이 아니라 (고전 6:20) 값으로 산 것이 되었으니 그런즉 너희 몸으로 하나님께 영광을 돌리라

교회는 주님이 십자가에서 피로 값 주고 사신 것입니다.

그러므로 교회는 주님의 것으로 교회의 주인은 주님이십니다.

교회를 나타내는 대표적인 용어로는 구약에서 '카할'과 '에다'라는 용어가 있습니다.

'카할'은 하나님의 언약 백성들의 모임 혹은 회중을 의미합니다.

이것은 실제적으로 회중이 ______ 사용된 단어입니다.

'에다'는 지명된 사람들의 모임을 의미합니다.

회중이 ______ 않아도 회중 자체를 말합니다.

신약에서는 '에클레시아'와 '쉬나고게'라는 용어가 있습니다.

'에클레시아'는 이 세상에서 부르심을 받은 자들의 모임 혹은 회중을 의미합니다.

'쉬나고게'는 '함께 모이다'라는 뜻으로 회당을 의미합니다.

신약에서는 일반적으로 교회를 '예수님을 믿는 회중'이라고 말합니다.

교회는 예수님을 그리스도로 믿어 구원받은 ______의 공동체입니다.

1. 교회란 무엇입니까?

교회를 삼위일체적인 관점에서 이해합니다.

　1) 하나님의 백성

교회는 하나님의 ＿＿＿ 백성들의 모임입니다.

(출 19:5) 세계가 다 내게 속하였나니 너희가 내 말을 잘 듣고 내 언약을 지키면 너희는 모든 민족 중에서 내 소유가 되겠고

(출 19:6) 너희가 내게 대하여 제사장 나라가 되며 거룩한 백성이 되리라

구약에서는 이스라엘이 하나님과 언약을 맺으므로 언약 백성이 되었습니다.

(호 1:9) 여호와께서 이르시되 그의 이름을 로암미라 하라 너희는 내 백성이 아니요 나는 너희 하나님이 되지 아니할 것임이니라

그런데 그들이 언약을 ＿＿＿하고 배반함으로 내 백성이 아니라고 하셨습니다.

(벧전 2:9) 그러나 너희는 택하신 족속이요 왕 같은 제사장들이요 거룩한 나라요 그의 소유가 된 백성이니

(벧전 2:10) 너희가 전에는 백성이 아니더니 이제는 하나님의 백성이요

(갈 6:16) 하나님의 이스라엘에게 평강과 긍휼이 있을지어다

신약에서는 교회가 하나님의 ＿＿＿＿＿ 백성이고 새 이스라엘입니다.

교회의 속성 가운데 하나가 보편성입니다.

(갈 3:28) 너희는 유대인이나 헬라인이나 종이나 자유민이나 남자나 여자나 다 그리스도 예수 안에서 하나이니라

교회에서는 인종이나 신분이나 성별의 차별이 없이 누구든지 하나님의 백성이 될 수 있습니다.

그래서 교회는 ＿＿＿＿＿ 없는 곳이어야 합니다.

교회는 구속사적으로 구원받은 하나님의 백성이라는 관점에서 볼 때 구약의 아담에게서부터 시작되었다고 볼 수 있습니다.

2) 그리스도의 몸

(골 1:18) 그는 몸인 교회의 머리시라

교회는 그리스도를 머리로 한 그의 몸입니다.

(고전 12:27) 너희는 그리스도의 몸이요 지체의 각 부분이라

성도들은 몸 된 교회의 지체들로서 ______으로 연합되어 하나의 몸을 이루고 있습니다.

수직적으로는 그리스도와 연합되어 있고, 수평적으로는 다른 지체들과 연합되어 있습니다.

교회의 속성 가운데 하나가 교회의 통일성입니다.

교회는 그리스도를 머리로 하여 하나의 몸을 이루는 통일성을 가집니다.

그리스도와 교회는 생명적인 관계를 가지고 있습니다.

교회의 머리란, 그리스도께서 교회의 왕으로서 통치하시는 것을 말합니다.

그리고 주님의 몸 된 교회를 사랑하는 것이 주님을 사랑하는 것입니다.

교회가 '그리스도의 몸'이라는 의미에서 교회는 예수님을 믿는 ___들에게서 시작되었다고 할 수 있습니다.

3) 성령의 전(집)

(고전 3:16) 너희는 너희가 하나님의 성전인 것과 하나님의 성령이 너희 안에 계시는 것을 알지 못하느냐

'너희 안에 계신다'는 것은 '너희 가운데' 또는 '너희 중에 계신다'는 뜻입니다. 물론 성도 개개인이 다 하나님의 성전이지만 고린도 교회 전체가 공동체로서의 하나님의 성전입니다.

여기서 성전은 지극히 거룩한 장소인 ______를 의미합니다.

구원받은 교회 공동체가 성령이 거하시는 거룩한 영적인 성전입니다.

교회의 속성 가운데 하나가 거룩성입니다.

(고전 3:17) 누구든지 하나님의 성전을 더럽히면 하나님이 그 사람을 멸하시리라 하나님의 성전은 거룩하니 너희도 그러하니라

성전이 ＿＿＿하므로 너희도 성전답게 거룩함을 유지하라는 것입니다.

교회가 성령의 전이라는 의미에서 교회는 오순절 ＿＿＿＿＿＿＿으로 시작되었다고 할 수 있습니다.

2. 교회의 다른 표현들

교회를 나타내는 또 다른 표현들이 있습니다.

1) 하나님의 집(성전)

(엡 2:21) 그의 안에서 건물마다 서로 연결하여 주 안에서 성전이 되어 가고

(엡 2:22) 너희도 성령 안에서 하나님의 거하실 처소가 되기 위하여 예수 안에서 함께 지어져 가느니라

(벧전 2:5) 너희도 산 돌 같이 신령한 집으로 세워지고

교회를 하나의 건물로 말하고 있습니다. 그런데 이 건물은 ＿＿＿＿＿＿ 건물이고 유기체적으로 연결되어 성장하는 건물입니다.

그렇기 때문에 성도들은 서로 견고하게 결합되어 자라가는 건물입니다.

교회의 속성 가운데 하나가 생명성입니다.

교회는 ＿＿＿＿＿이 있어서 성장해 갑니다.

2) 그리스도의 신부

주님께서 교회에 대한 사랑을 잘 보여주는 표현이 그리스도의 신부라는 표현입니다.

(엡 5:25) 남편들아 아내 사랑하기를 그리스도께서 교회를 사랑하시고 그 교회를 위하여 자신을 주심 같이 하라

주님은 신부인 교회를 사랑하여 자신을 ＿＿＿＿＿에 내어 주셨습니다.

그래서 교회는 그 사랑에 감사하여 주님을 섬기는 것입니다.

(고후 11:2) 내가 너희를 정결한 처녀로 한 남편인 그리스도께 드리려고 중매함
이로다

교회는 정결한 신부로서 주님께 대한 ____을 지켜야 합니다.

3) 진리의 기둥과 터

(딤전 3:15) 이 집은 살아 계신 하나님의 교회요 진리의 기둥과 터니라

교회는 진리를 명확하게 보여주고 나타내는 역할을 한다는 것입니다.

교회는 진리인 하나님의 ____ 위에 세워져 있고 진리를 떠받치는 역할
을 합니다.

교회는 말씀을 따라 살면서 말씀을 ____하고 말씀을 전파해야 합니다.

3. 교회와 하나님 나라와의 관계

죠지 래드는 하나님 나라와 교회와의 관계를 이렇게 말했습니다.

하나님의 나라는 교회보다 앞선다.

교회는 하나님의 나라가 아니다.

하나님 나라는 교회보다 더 큰 개념이다.

하나님의 나라는 교회를 창조한다.

교회는 하나님의 나라를 증거한다.

교회는 하나님 나라의 도구이다.

교회는 하나님 나라의 관리자다.

이렇게 볼 때 교회는 하나님 나라의 ____이라고 할 수 있을 것입니다.

교회는 서로 경쟁하는 것이 아니라 서로 협력하여 하나님 나라의 확장
에 힘써야 합니다.

4. 교회의 기능

1) 예배 공동체

(신 4:10) 네가 호렙 산에서 네 하나님 여호와 앞에 섰던 날에 여호와께서 내게

이르시기를 나에게 백성을 모으라

회중은 먼저 ______을 위해 모이는 것입니다.

이스라엘 백성은 시내산에 총회로 모여서 하나님을 예배하였습니다.

초대교회도 날마다 성전에 모여서 하나님을 예배하였습니다.

교회는 모여서 예배하는 공동체입니다.

2) 교제 공동체

(행 2:42) 그들이 사도의 가르침을 받아 서로 교제하고 떡을 떼며

(행 2:46) 집에서 떡을 떼며 기쁨과 순전한 마음으로 음식을 먹고

초대교회는 가정에 모여서 서로 음식을 나누어 먹으며 교제를 나누었습니다.

(행 2:44) 믿는 사람이 다 함께 있어 모든 물건을 서로 통용하고

(행 2:45) 또 재산과 소유를 팔아 각 사람의 필요를 따라 나눠 주며

초대교회는 물건과 재산을 서로 나누는 아름다운 사랑의 공동체였습니다.

교회는 서로 아름다운 사랑의 교제를 나누는 교제 공동체가 되어야 합니다.

3) 교육 공동체

교회는 말씀을 _______ 배우는 공동체입니다.

(행 2:42) 그들이 사도의 가르침을 받아

초대교회는 사도의 가르침을 받았습니다.

(마 28:20) 내가 너희에게 분부한 모든 것을 가르쳐 지키게 하라

제자 삼는 방법은 가르쳐 지키게 하는 것입니다.

교회는 진리의 기둥과 터로서 진리를 선포하고 지켜 나가는 곳입니다.

4) 봉사 공동체

성도들은 각자 몸 된 교회의 ___로서 그리스도의 몸 된 교회를 위해 봉사해야 합니다.

모든 성도들은 지체의 역할을 감당하도록 누구나 다 영적 은사를 부여받았습니다.

성도들은 각자에게 주신 은사에 따라 일할 사명과 ___을 가지고 있습니다.

(엡 4:12) 이는 성도를 온전하게 하여 봉사의 일을 하게 하며 그리스도의 몸을 세우려 하심이라

성도들이 봉사의 일을 통해 그리스도의 몸을 세우는 것입니다.

교회에는 어느 누구나 불필요한 사람이 없고 지체로서 할 일이 있습니다.

성도들은 자신의 은사가 무엇인지 잘 알고 은사에 따라 봉사해야 합니다.

5) 증거 공동체

(벧전 2:9) 그러나 너희는 택하신 족속이요 왕 같은 제사장들이요 거룩한 나라요 그의 소유가 된 백성이니 이는 너희를 어두운 데서 불러 내어 그의 기이한 빛에 들어가게 하신 이의 아름다운 덕을 선전하게 하려 하심이라

구약에서는 이스라엘 백성이 이방의 빛의 역할을 하였습니다.

신약에서는 새 이스라엘인 교회가 이스라엘을 대신하여 하나님의 구속 사역의 사명을 감당하게 되었습니다.

교회의 속성 가운데 중요한 것이 사도성입니다.

사도성은 교회가 ______의 신앙과 사명을 계승하였다는 것입니다.

(요 20:21) 아버지께서 나를 보내신 것 같이 나도 너희를 보내노라

사도란 보내심을 받은 자라는 의미인데 교회는 세상에 보내심을 받아 그리스도를 증거하는 공동체입니다.

1. 삼위일체적인 관점에서 교회는 무엇입니까?

2. 그 교회의 의미들을 설명해 보십시오.

3. 교회에서 없애야 할 차별들은 무엇입니까?
   성도들이 거룩히 해야 할 것들은 무엇입니까?

4. 교회의 기능에서 내가 잘하고 있는 것과 부족한 것은 무엇입니까?
   나의 부족한 것은 어떻게 보완하겠습니까?

이 과를 마치면서

1. 내가 속한 교회가 성경적인 교회가 되도록 기도하십시오.

소감 및 깨달은 말씀

2. 몸의 지체들

"몸은 하나인데 많은 지체가 있고
몸의 지체가 많으나 한 몸임과 같이 그리스도도 그러하니라" (고전 12:12)

2

교회란 무엇입니까? 그리스도의 몸입니다.

교회에 대한 가장 큰 그림은 그리스도의 몸이라는 비유입니다.

교회란 영적인 단체이기 때문에 신비롭습니다.

인간의 몸은 소우주라고 할 만큼 정교하고 신비로운 하나님의 걸작입니다.

성경은 교회를 이 신비로운 몸에 비유해서 설명하고 있습니다.

(고전 12:27) 너희는 그리스도의 몸이요 지체의 각 부분이라

교회는 그리스도의 몸으로서 ＿＿＿로 이루어져 있습니다.

고린도전서 12:12-27은 몸의 지체들에 대해서 잘 가르쳐주고 있습니다.

1. 머리와 몸의 관계

그리스도와 그리스도의 몸인 교회와의 관계는 무엇입니까?

　　1) 머리 되신 그리스도는 ＿＿과 능력의 근원이십니다.

머리로부터 신경을 통해 온 몸에 명령이 전달됩니다.

마찬가지로 생명의 근원이신 그리스도로부터 생명이 흘러 몸의 ＿＿들에게 공급되고 능력이 공급됩니다.

(요 15:5) 나는 포도나무요 너희는 가지라 그가 내 안에, 내가 그 안에 거하면 사람이 열매를 많이 맺나니 나를 떠나서는 너희가 아무 것도 할 수 없음이라

주님과 우리와의 관계는 떼려야 뗄 수 없는 생명적인 관계입니다.

주님으로부터 온 몸에 생명이 충만하게 흘러넘치는 것입니다.

　　2) 그리스도는 몸을 통해서 ＿＿＿＿ 나타내시고 일하십니다.

육체의 몸은 그 속에 살아 있는 인간의 영을 표현하는 기관입니다.

주님의 몸 된 교회는 지상에서 주님을 나타내고 ＿＿＿＿＿＿ 기관입니다.

주님께서 주님의 몸인 교회 안에 충만히 거하시며, 이 교회를 통해 자신의 영광과 능력을 나타내시기를 원하십니다.

그리스도께서는 육신을 가지고 하시던 일을 몸 된 교회를 통하여 계속 일하고 계시고, 우리는 몸을 통해 그리스도를 나타내어야 합니다.

(갈 2:20) 내가 그리스도와 함께 십자가에 못 박혔나니 그런즉 이제는 내가 사는 것이 아니요 오직 내 안에 그리스도께서 사시는 것이라

그리스도께서 내 안에 살아 계시고, 그리스도께서 나를 통하여 사십니다.

세상 사람들은 그리스도의 몸인 교회를 통해서 ＿＿＿＿＿를 봅니다.

교회는 그리스도의 몸으로서 그리스도를 사람들에게 보여주어야 합니다.

　　3) 몸 된 교회는 머리이신 그리스도께 복종해야 합니다.

주님은 몸 된 교회의 왕으로서 교회를 다스리십니다.

그러므로 몸은 머리 되신 그리스도께 복종해야 합니다.

몸이 머리 되신 주님의 뜻에 순종할 때 몸인 교회를 통해 주님의 뜻이 이루어집니다.

우리가 주님의 손과 발이 되어 주님의 일을 해야 합니다.

우리가 순종할 때 주님께서 그의 몸인 교회를 통해서 일하십니다.

주님께서는 ____과 ____으로 교회를 통치하고 계십니다.

2. 지체들의 연합

그리스도의 몸 된 교회는 그리스도를 머리로 하여 ____가 되어야 합니다.

1) 지체들이 한 몸을 이룹니다.

(고전 12:12) 몸은 하나인데 많은 지체가 있고 몸의 지체가 많으나 한 몸임과 같이 그리스도도 그러하니라

몸은 손, 발, 눈, 코, 귀, 입 등 수많은 지체들로 구성되어 있습니다.

몸은 그리스도의 살과 뼈인 그리스도의 사람들로 이루어져 있고 우리는 그리스도의 몸의 ______이요 그리스도의 살과 뼈입니다.

이러한 지체들이 모여서 한 몸을 이룹니다.

2) 성령 안에서 하나 되었습니다.

(고전 12:13) 우리가 유대인이나 헬라인이나 종이나 자유인이나 다 한 성령으로 세례를 받아 한 몸이 되었고 또 다 한 성령을 마시게 하셨느니라

유대인과 헬라인, 종과 자유자는 하나 될 수 없는 사람들입니다.

그러나 인종적으로나 신분 또는 계급의 차이가 없이 모든 성도는 한 성령의 세례를 받음으로 그리스도의 몸에 ______ 되어 하나가 됩니다.

어느 지체가 자기를 나타내기를 원하고 자기중심적으로 되기를 원한다면 ______과 일치는 깨어지고 맙니다.

어린아이 신앙은 다른 ＿＿＿를 생각할 줄 모르고 장성한 신앙은 덕을
세우고 교회의 일치를 위해 노력합니다.

(엡 4:3) 평안의 매는 줄로 성령이 하나 되게 하신 것을 힘써 지키라

성령께서 이미 하나 되게 하셨으므로 그것을 힘써 지켜야 합니다.

　3) 분쟁하는 것은 그리스도의 몸을 나누는 것입니다.

고린도 교회는 하나 되지 못하고 분쟁하였습니다.

(고전 1:10) 형제들아 내가 우리 주 예수 그리스도의 이름으로 너희를 권하노니
모두가 같은 말을 하고 너희 가운데 분쟁이 없이 같은 마음과 같은 뜻으로 온전
히 합하라

성도들이 하나 되지 못하고 나뉘는 것은 그리스도의 몸을 나누는 것입
니다.

그러므로 같은 말을 하고 같은 마음과 같은 뜻으로 온전히 합해야 합
니다.

3. 지체들의 다양성

(고전 12:14) 몸은 한 지체뿐만 아니요 여럿이니

　1) 지체들은 제각기 고유한 ＿＿＿을 가지고 있습니다.

몸의 지체들이 모두 동일한 본분이나 사명을 가지고 있는 것은 아닙니
다.

제각기 받은 바 은사가 다릅니다.

그리스도의 지체는 각각 독특한 위치와 사명을 받습니다.

나와 다르다는 ＿＿＿＿＿을 인정하는 가운데 일치를 추구해야 합니다.

　2) 자신이 중요하지 않다고 생각하는 지체

15-18절은 약한 지체들에 대해서 격려하는 말씀입니다.

(고전 12:15) 만일 발이 이르되 나는 손이 아니니 몸에 붙지 아니하였다 할지라
도 이로써 몸에 붙지 아니한 것이 아니요

(고전 12:16) 또 귀가 이르되 나는 눈이 아니니 몸에 붙지 아니하였다 할지라도 이로써 몸에 붙지 아니한 것이 아니니

발은 손과 같이 높은 지위를 가지지 못하였으니 몸과 상관이 없다고 말할 수 없습니다. 귀는 눈과 같이 영광의 지위를 가지지 못하였으니 몸과 아무 상관이 없다고 할 수 없습니다.

(고전 12:17) 만일 온 몸이 눈이면 듣는 곳은 어디며 온 몸이 듣는 곳이면 냄새 맡는 곳은 어디냐

만일 눈이 아름답다고 해서 온 몸이 다 눈이거나 혹은 손이 좋다고 해서 온 몸이 손이라고 하면 그 사람은 온전한 사람이 아닐 것입니다.
발은 발이 해야 할 독특한 역할이 있습니다.
다른 지체들에 대한 시기와 질투는 불행한 결과를 초래합니다.

(고전 12:18) 그러나 이제 하나님이 그 원하시는 대로 지체를 각각 몸에 두셨으니

많은 사람들이 자신과 자신의 사명에 만족치 않고 있습니다.
몸의 일부로서의 역할에 대한 ＿＿＿을 모르기 때문에 하나님이 정해 주신 위치를 무가치한 것 혹은 무익한 것으로 여깁니다.
각 지체는 하나님이 세워 두신 위치에 있을 때 비로소 중요한 것이 됩니다.

3) 자신이 우월하다고 생각하는 지체

(고전 12:21) 눈이 손더러 내가 너를 쓸 데가 없다 하거나 또한 머리가 발더러 내가 너를 쓸 데가 없다 하지 못하리라

우월감을 가지고 다른 지체를 ＿＿＿하는 자들을 경계합니다.
우리는 그리스도의 몸의 지체들로서 자신들의 위치를 지켜야 할 것은 물론 다른 지체들에게 주어진 은사와 임무에 대해서도 알아주어야 합니다.
어느 누구나 남에게 '너는 쓸데없다'고 말하지 말아야 합니다.

몸은 모든 지체들을 필요로 하고 우리는 서로를 필요로 합니다.

4. 지체들의 조화

22-27절은 그리스도인의 참된 조화의 비결을 배웁니다.

(고전 12:22) 그뿐 아니라 더 약하게 보이는 몸의 지체가 도리어 요긴하고

(고전 12:23) 우리가 몸의 덜 귀히 여기는 그것들을 더욱 귀한 것들로 입혀 주며

폐나 간이 가장 약하지만 인체에 있어서 중요한 지위를 가지고 있습니다.

몸의 지체처럼 교회에서도 더 ______ 보이는 성도들이 오히려 중요한 것을 보게 됩니다.

(고전 12:24) 오직 하나님이 몸을 고르게 하여 부족한 지체에게 귀중함을 더하사

'오직'이 문두에 나와 강조되고 있는데 하나님이 도리어 부족한 지체는 더 돌보시고 존귀하게 하시어 결국 모두가 균등하게 됨을 알 수 있습니다.

모든 지체는 고르게 자라야지 어느 지체만 성장하면 몸은 장애를 가집니다.

어느 지체가 약하면 그 약한 부분에 영양을 집중적으로 공급해야 합니다.

몸의 균형 있는 발전이 필요합니다.

그리스도의 몸의 한 지체는 ____와 조화를 이루어야 합니다.

각 지체의 ____은 있어야 합니다. 그러나 그것은 자신을 위해서 있지 않고 몸의 유익을 위해서 있어야 합니다.

개인은 전체 속에 녹아 있어야 합니다.

(고전 12:25) 오직 여러 지체가 서로 같이 돌보게 하셨느니라

지체들은 서로 돌보아야 하는 협력관계입니다.

지체끼리 서로 ______ 관계야말로 가장 중요한 관계입니다.

교회 안에서 끼리끼리만 교제하는 것은 암적인 문제가 될 수 있습니다.

교제를 통해 서로 다른 지체를 ______ 사랑해야 합니다.

지체들이 서로 협력하여 사역할 때 효과적인 사역이 이루어집니다.

하나님께서는 어느 한 사람에게 모든 은사를 다 주지 않고 각 사람에게 골고루 나누어 주셨습니다.

어느 누구도 부족함이 없는 사람은 없습니다.

그러므로 지체들은 서로의 부족한 점을 보충해 주어야 하고 서로의 필요를 채워주어야 합니다. 서로 보완적인 기능을 가지고 있는 것입니다.

그리스도의 몸은 지체가 서로 조화되어야만 ______ 몸이 될 수 있습니다.

(고전 12:26) 만일 한 지체가 고통을 받으면 모든 지체가 함께 고통을 받고 한 지체가 영광을 얻으면 모든 지체가 함께 즐거워하느니라

치아가 아플 때 온 몸이 다 아픕니다. 이와 같은 것이 공동체입니다.

우리가 서로 돌보고 서로 협력하여 사랑의 공동체를 이루어야 합니다.

5. 지체들의 역할

(고전 12:27) 너희는 그리스도의 몸이요 지체의 각 부분이라

몸의 지체들은 자신의 위치를 발견하고 자신의 위치에서 고유한 기능을 수행해야 합니다.

지체 중에 어느 지체가 자신의 역할을 다하지 않으면 그 몸에 ___가 발생하는 것입니다.

성도가 자신의 ___을 다하지 않으므로 그리스도의 몸에 장애를 일으키는 것입니다.

오른쪽 검지가 마비된다면 글자를 쓸 수 없습니다.

몸의 지체인 내가 기능하지 않으면 다른 지체가 두 배의 몫을 감당해

야 할 것입니다.

그러므로 우리 한 사람 한 사람이 다 각자 자기의 위치에서 최선을 다할 때 몸은 비로소 건강하게 움직이게 될 것입니다.

그렇지 않으면 몸은 _______와 같이 마비되어 움직이지 못하는 부분이 많게 될 것입니다.

손이 마비되고 발이 마비된 몸은 제 구실을 못하게 됩니다.

우리는 몸의 지체들로서 그리스도의 몸에 장애를 일으키지 말아야 합니다.

우리는 주님과의 생명적인 관계 속에서 _____ 가운데 통일성을 이루며 자기의 역할에 최선을 다하여 온전한 몸을 이루어야 합니다.

1. 머리 되신 주님과 몸 된 교회의 관계는 무엇입니까?

   그리스도의 몸과 지체들은 어떤 관계를 이루어야 합니까?

   ____

2. 교회의 통일성을 깨뜨리는 것은 무엇입니까?

   주님의 몸을 나누어지게 하는 것은 무엇입니까?

   ____

3. 주님과 생명적인 관계를 갖기 위해 어떻게 하겠습니까?

   내가 지체의 역할을 하지 않으면 어떻게 됩니까?

   ____

4. 내가 다른 지체를 돌보아야 할 것은 무엇입니까?

   나는 몸의 지체로서 어떻게 하겠습니까?

   ____

이 과를 마치면서

1. 나와 교회를 통해 주님이 나타나시도록 기도하십시오.

소감 및 깨달은 말씀

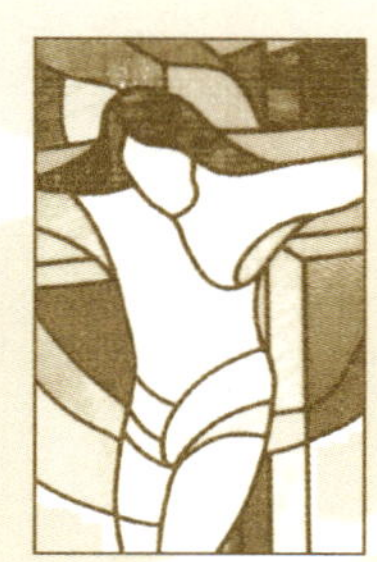

3. 몸의 은사들

“이 모든 일은 같은 한 성령이 행하사
그의 뜻대로 각 사람에게 나누어 주시는 것이니라” (고전 12:11)

3

그리스도의 몸 된 교회는 많은 지체들로 이루어져 있고 그 지체들은 한 몸을 이루고 있습니다.

하나님께서는 이 지체들이 각기 자기의 역할을 감당할 수 있도록 각자에게 성령의 은사를 주십니다.

성령의 은사란 성령께서 주시는 ＿＿＿입니다.

은사란 성령께서 성도들이 지체의 역할을 감당할 수 있도록 주시는 ＿＿＿이나 능력을 말합니다.

이것은 자연적인 것이 아니라 초자연적인 것입니다.

＿＿＿의 결과로 은사들이 나타납니다.

그럼 그리스도의 몸 된 지체들을 위한 몸의 은사들은 무엇입니까?

1. 영적 은사란 어떤 것입니까?

1) 영적 은사들의 원천

(고전 12:4) 은사는 여러 가지나 성령은 같고

은사들은 성령으로부터 온 선물들로 각 사람에게 나누어 주시는 것입니다.

2) 성령께서는 각 사람에게 그 뜻대로 은사를 나누어 주십니다.

(고전 12:11) 이 모든 일은 같은 한 성령이 행하사 그의 뜻대로 각 사람에게 나누어 주시는 것이니라

성령께서 그 기뻐하시는 뜻대로 각 사람에게 합당한 은사를 주십니다.
우리가 원하는 대로 은사를 주신다면 ____ 은사만 선호할 것입니다.

3) 은사는 성령의 나타나심입니다.

(고전 12:7) 각 사람에게 성령을 나타내심은 유익하게 하려 하심이라

은사는 ____의 임재를 나타내고 성령이 함께 하신다는 사실을 보여줍니다.

4) 모든 성도는 누구나 한 가지 이상의 은사를 가지고 있습니다.

예수님을 믿고 성령을 받은 사람은 누구나 다 한 가지 이상의 은사를 가지고 있습니다. 이 은사에 따라 각기 일할 사역들이 주어졌습니다.

5) 은사는 여러 가지로 다양합니다.

한 사람이 모든 은사를 다 가지고 있는 것은 아닙니다.
성령께서 각기 다른 은사를 주시므로 자신의 은사에 감사하며 다른 은사를 가진 사람을 시기하지 말아야 합니다.

6) 은사의 목적은 몸 된 교회의 ____과 성장을 위한 것입니다.

(고전 12:7) 각 사람에게 성령을 나타내심은 유익하게 하려 하심이라

(벧전 4:10) 각각 은사를 받은 대로 하나님의 여러 가지 은혜를 맡은 선한 청지기 같이 서로 봉사하라

자신을 자랑하거나 자신의 영광을 드러내기 위하여 주신 것이 아님

니다.

은사는 다른 성도들을 ____하게 하고 섬기기 위해 주셨습니다.

　7) 은사는 귀하고 천한 것이 없습니다.

어느 은사는 귀하고 어느 은사는 없어도 되는 것이 아니라 다 필요한 것입니다. 존귀해 보이는 은사나 천하게 보이는 은사나 다 몸에 유익한 것입니다.

　8) 은사는 ____되는 것이 아닙니다.

(롬 11:29) 하나님의 은사와 부르심에는 후회하심이 없느니라

이것은 은사가 취소되지 않는다는 의미입니다.

____했다고 해도 은사가 없어지는 것은 아닙니다.

　9) 영적 은사들은 개인의 ____과는 관계가 없습니다.

(고전 1:7) 너희가 모든 은사에 부족함이 없이

고린도 교회는 영적 은사가 충만하였지만 영적으로 성숙하지 못하고 문제가 많았습니다.

영적 은사가 그 사람의 ______ 상태를 나타내 주지는 않습니다.

　10) 자연적 재능은 영적 은사가 아닙니다.

자연적인 재능도 하나님이 주신 것이지만 성령의 은사는 성도들에게만 주신 것입니다.

자연적인 재능이 계발되고 활용되는 것도 ____의 은사입니다.

　11) 영적 은사들을 가지고 있다고 해서 항상 옳은 것만은 아닙니다.

은사를 가지고 있어도 얼마든지 바르게 행하지 못할 수도 있습니다.

　12) 은사는 ____으로도 표현되고 있습니다.

(엡 4:11) 그가 어떤 사람은 사도로, 어떤 사람은 선지자로, 어떤 사람은 복음 전하는 자로, 어떤 사람은 목사와 교사로 삼으셨으니

가르침의 은사와 교사의 직분, 전도의 은사와 복음 전하는 자의 직분, 예언의 은사와 선지자의 직분은 같은 은사입니다.

그러므로 직분을 맡은 자는 성령의 은사를 받은 자입니다.

13) 은사들을 사용할 때 ____으로 해야 합니다.

(고전 12:31) 너희는 더욱 큰 은사를 사모하라 내가 또한 가장 좋은 길을 너희에게 보이리라

사랑은 은사를 활용하는 방법입니다.

사랑으로 은사를 사용할 때 몸 된 교회에 유익이 됩니다.

2. 은사의 종류

성령께서 주시는 은사 목록은 고전12장, 롬12장, 엡4장에 나옵니다.

(고전 12:8) 어떤 사람에게는 성령으로 말미암아 지혜의 말씀을, 어떤 사람에게는 같은 성령을 따라 지식의 말씀을, (고전 12:9) 다른 사람에게는 같은 성령으로 믿음을, 어떤 사람에게는 한 성령으로 병 고치는 은사를, (고전 12:10) 어떤 사람에게는 능력 행함을, 어떤 사람에게는 예언함을, 어떤 사람에게는 영들 분별함을, 다른 사람에게는 각종 방언 말함을, 어떤 사람에게는 방언들 통역함을 주시나니 (고전 12:28) 하나님이 교회 중에 몇을 세우셨으니 첫째는 사도요 둘째는 선지자요 셋째는 교사요 그 다음은 능력을 행하는 자요 그 다음은 병 고치는 은사와 서로 돕는 것과 다스리는 것과 각종 방언을 말하는 것이라

1) 지혜의 말씀: 진리를 사용하고 실제적으로 ____하는 능력입니다.

2) 지식의 말씀: 진리를 아는 능력입니다.

이 은사를 가진 사람은 배우는 일에 열성적이어서 많은 지식을 습득합니다.

3) 믿음: 일반적인 믿음과는 달리 하나님을 ____을 갖고 믿는 것입니다. 믿음의 은사를 가진 사람은 산을 옮길 만한 믿음의 사람입니다.

4) 병 고치는 은사(신유): 하나님의 능력으로 질병을 치유하는 은사입니다.

5) 능력 행함(기적): 초자연적인 기적이 나타나는 것입니다.

6) 예언(선지자): 기본적으로 말씀의 예언을 선포하는 것으로 ＿＿＿의 은사입니다.

7) 영들 분별함: 하나님의 역사인가 사탄의 역사인가를 분별하는 능력입니다.

진리와 비진리, 진실과 거짓을 가려냅니다.

8) 방언 말함: 자신이 알지 못하는 ＿＿＿로 기도하는 능력입니다.

또한 하나님의 메시지를 다른 사람들에게 전하는 능력입니다.

9) 방언들의 통역: 방언을 이해하고 통역하는 능력입니다.

(롬 12:6) 우리에게 주신 은혜대로 받은 은사가 각각 다르니 혹 예언이면 믿음의 분수대로, (롬 12:7) 혹 섬기는 일이면 섬기는 일로, 혹 가르치는 자면 가르치는 일로, (롬 12:8) 혹 위로하는 자면 위로하는 일로, 구제하는 자는 성실함으로, 다스리는 자는 부지런함으로, 긍휼을 베푸는 자는 즐거움으로 할 것이니라

10) 섬김(돕는)=집사: ＿＿＿의 은사로 성도들을 실제적으로 돕는 은사입니다.

11) 가르침(교사): 배우고 가르치기를 좋아하는 은사입니다.

12) 권면(권위): 사람들을 위로하고 권면하고 상한 자를 치유합니다.

13) 구제(헌금): 주님의 일을 위하여 필요한 ＿＿＿을 기쁘고 후하게 드립니다.

이 은사를 가진 사람은 어려운 가운데서도 희생적으로 드립니다.

14) 다스림(지도력): ＿＿＿을 제시하고 동기를 부여하고 지도해 나갑니다.

15) 긍휼(자비): 다른 사람을 불쌍히 여기고 동정하는 은사입니다.

(엡 4:11) 그가 어떤 사람은 사도로, 어떤 사람은 선지자로, 어떤 사람은 복음 전하는 자로, 어떤 사람은 목사와 교사로 삼으셨으니

16) 사도: 예수님의 제자와 같은 사도직은 더 이상 존재하지 않습니다.

17) 전도: 잃어버린 영혼을 찾아 적극적으로 구원하는 사람입니다.

18) 목자: 양을 인도하고 먹이고 보호하며 지키는 ____의 은사입니다.

이 외에도 다른 은사들이 있으며 그 중에는 성경에 기록되지 않은 것도 있습니다.

3. 은사를 계발하는 방법

1) 은사를 발견해야 합니다.

은사를 발견하기 위해서는 은사에 대해 ____해야 합니다.

그리고 _____ 봄으로써 자신의 은사를 발견해야 합니다.

다른 사람에게 나에게 어떤 은사가 있는지 물어 보는 것도 좋습니다.

2) 은사를 계발해야 합니다.

가르치는 은사가 있다고 해서 갑자기 능력 있는 교사가 되는 것은 아닙니다. 일단 그 사람은 잘 가르치는 ____을 가지고 있는 것입니다.

가르치는 은사를 계발할 때 유능한 교사가 될 수 있습니다.

은사를 가진 사람을 살펴보며 ____는 것도 은사를 계발하는 방법입니다.

3) 은사를 ____해야 합니다.

(딤전 4:14) 네 속에 있는 은사 곧 장로의 회에서 안수 받을 때에 예언을 통하여 받은 것을 가볍게 여기지 말며

(딤후 1:6) 그러므로 내가 나의 안수함으로 네 속에 있는 하나님의 은사를 다시 불일듯하게 하기 위하여 너로 생각하게 하노니

은사들은 사용하지 않으면 사장되지만 활용할 때 더욱 불일듯이 일어납니다.

4) 은사를 사용하다가 보면 여러 가지 은사가 함께 나타납니다.

은사들 중에 특별히 _____ 은사가 나타나고 다른 은사들이 보조적으

로 지원하는 형태가 되어 능력있게 사역하게 됩니다.

자신에게 주어진 세 가지 정도의 주요 은사에 집중하는 것이 효과적입니다.

　5) 은사를 사용하면 신앙생활에 ＿＿＿이 됩니다.

대접하는 은사, 기도의 은사, 찬양의 은사, 전도의 은사를 받은 사람은 그 일을 하면서 기쁨과 만족을 얻게 됩니다.

은사를 사용하여 일할 때 기쁨이 있다면 그 은사가 있다고 보아야 합니다.

　6) 은사를 사용하면 ＿＿＿가 나타나야 합니다.

은사를 사용할 때 기쁨은 있지만 ＿＿＿가 없다면 은사가 있다고 보기는 어렵습니다. 은사가 있다면 긍정적인 결과가 나타납니다.

4. 은사에 대해 주의할 점

　1) 은사의 ＿＿＿

(고전 12:29) 다 사도이겠느냐 다 선지자이겠느냐 다 교사이겠느냐 다 능력을 행하는 자이겠느냐 (고전 12:30) 다 병 고치는 은사를 가진 자이겠느냐 다 방언을 말하는 자이겠느냐 다 통역하는 자이겠느냐

모든 사람은 동일한 은사를 가지고 있지 않다는 강한 부정입니다.

자신이 가진 은사를 다른 사람들도 가지고 있기라도 한 것처럼 그것을 다른 사람들도 행하도록 한다면 이것은 은사에 대한 강요입니다.

　2) 은사의 편중화

어떤 한 가지 은사로 사람들을 ＿＿＿하게 하는 것입니다.

다 교사가 아닌데도 다 교사가 되게 하는 것입니다.

은사의 편중화는 다른 사람들을 집단화된 은사의 방향으로 나아가게 합니다.

　3) 은사의 ＿＿＿

성령께서 각자에게 주신 은사 외에 다른 은사를 ＿＿＿하는 것입니다.

(고전 12:17) 만일 온 몸이 눈이면 듣는 곳은 어디며 온 몸이 듣는 곳이면 냄새 맡는 곳은 어디뇨

눈이 귀하다고 다 눈이 되려고 하지 말고 귀가 귀하다고 다 귀가 되려고 하지 말아야 합니다.

　4) 은사의 교만

어떤 은사를 높이거나 다른 은사를 무시하는 것은 올바르지 않습니다.

＿＿＿＿ 은사를 가진 사람은 교만하기 쉬우므로 조심해야 합니다.

　5) 은사의 ＿＿＿＿＿

내가 가진 은사에서 뛰어나야 하지만, 다른 분야에서도 다 봉사해야 합니다.

전도의 은사가 없다고 전도하는 일에 소홀히 해서는 안 됩니다.

1. 은사를 발견하고 계발하는 방법은 무엇입니까?

＿＿＿＿＿＿＿＿＿＿＿＿＿＿＿＿＿＿＿＿

2. 내가 가지고 있는 주요 은사 세 가지를 말해 보십시오.

　그 은사들의 의미를 설명해 보십시오.

＿＿＿＿＿＿＿＿＿＿＿＿＿＿＿＿＿＿＿＿

3. 내가 은사에 대해 새롭게 깨달은 것은 무엇입니까?

　내가 은사를 잘못 사용했던 것은 무엇입니까?

＿＿＿＿＿＿＿＿＿＿＿＿＿＿＿＿＿＿＿＿

4. 나는 어디에서 봉사하면 적합할 것이라고 생각합니까?

＿＿＿＿＿＿＿＿＿＿＿＿＿＿＿＿＿＿＿＿

이 과를 마치면서

　1. 은사 테스트를 하여 나의 은사가 무엇인지 발견하십시오.

소감 및 깨달은 말씀

4. 몸의 성장

"우리가 다 하나님의 아들을 믿는 것과 아는 일에 하나가 되어 온전한 사람을 이루어
그리스도의 장성한 분량이 충만한 데까지 이르리니" (엡 4:13)

4

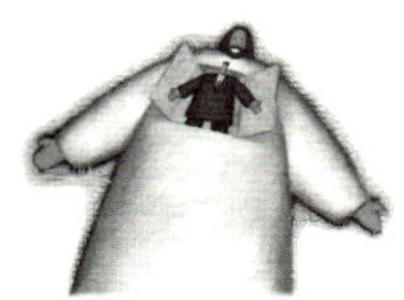

에베소서를 교회론에 대한 책이라고도 합니다.

에베소서 4:11-16에는 바울의 교회관이 잘 나타나 있습니다.

이 교회관은 어떻게 목회할 것인가에 대한 _______이라고도 말할 수 있습니다.

하나님께서는 교회를 통하여 이 세상에서 ___의 역사를 이루어 하나님 나라를 확장해 가고 계십니다.

여기서 중요한 사실은 평신도가 _____라는 것입니다.

바람직한 교회의 모습은 한 마디로 평신도가 사역하는 교회입니다.

그러므로 교회는 평신도를 무장하여 교회를 ___시키고 하나님 나라의 확장을 이루어 가야 합니다.

1. 목회자와 성도와의 관계

7절에 보면 그리스도께서 교회를 위해 각 사람에게 은사를 주셨습니다.

(엡 4:11) 그가 어떤 사람은 사도로, 어떤 사람은 선지자로, 어떤 사람은 복음 전하는 자로, 어떤 사람은 목사와 교사로 삼으셨으니

그리스도께서 은사에 따라 교회를 위해 직분자를 주셨습니다.

1) 4가지 직분

① 사도들: 주님의 부활을 목격한, 부활의 증인이라야 합니다.

② 선지자들: 성령의 감동으로 예언하는 사람입니다.

③ 복음 전하는 자들: 예수 그리스도의 복음을 전하는 사람입니다.

④ 목사와 교사: 목사와 교사를 다른 직분으로 보기도 하지만 목사와 교사 앞에 관사가 하나밖에 없기 때문에 한 직분으로 봅니다.

목사는 ______ 목자를 의미하는 단어입니다.

목자는 양들을 먹이고 돌보고 양육하며 교사는 가르치는 일을 합니다.

목회자는 성도들을 돌보고 목양하며 가르치는 교사의 일을 하는 직분입니다.

목사와 교사 이 두 직책은 일반적으로 병행됩니다.

교회를 위해 주신 목사와 교사는 지금도 계속되는 ______ 직분입니다.

주님께서 교회를 위해, 성도들을 위해 목사와 교사를 주셨습니다.

2) 목회자와 성도와의 관계

① 목자와 양의 관계

(요 10:14) 나는 선한 목자라 나는 내 양을 알고 양도 나를 아는 것이

목자는 양을 알고 양도 목자를 알고 서로 깊은 교제 가운데 생활합니다.

목자는 앞서 가며 인도하고 양은 목자의 음성을 듣고 순종하며 따라갑

니다.

② 아비와 자녀와의 관계

(살전 2:11) 너희도 아는 바와 같이 우리가 너희 각 사람에게 아버지가 자기 자녀에게 하듯 권면하고 위로하고 경계하노니

목회자는 영적 ____로서 성도를 자녀와 같이 양육하고 영적 자녀는 아비의 책망을 받아들이고 순종합니다.

2. 목회자를 주신 이유와 목적

(엡 4:12) 이는 성도를 온전하게 하여 봉사의 일을 하게 하며 그리스도의 몸을 세우려 하심이라

'성도를 온전하게 하여'의 앞에 쓰인 관사는 '프로스'라는 관사이고 나머지는 '에이스'라는 관사가 사용되었습니다.

일반적으로 이 구절은 '목회자를 주신 것은 성도를 온전하게 하여 봉사의 일을 하게 하고 그리스도의 몸을 세우려 하심이라'고 번역될 수 있습니다.

주님께서 목회자를 주신 직접적인 목적은 성도를 온전하게 하기 위해서입니다.

'성도를 온전하게 한다'는 말을 영어 성경에는 성도를 무장하는 것 (equipping of the saints)으로 번역했습니다.

'온전하게 한다'는 단어의 용례를 보면

　　a. 망가진 그물을 ____하는 것을 말합니다.

　　b. 의학적으로 부러진 뼈를 맞추는 것을 말합니다.

　　c. 출항하는 배를 ____시키는 것을 말합니다.

이렇게 온전하게 한다는 말은 하나님의 일을 할 수 있는 사람으로 준비시키는 것을 말합니다.

　　1) 목회자는 성도로 하여금 하나님의 일을 하도록 ____시켜야 합

니다.

어떤 부족한 점들을 보완하고 잘못된 점을 고치고 그물이 찢어졌으면 수선하여 고기 잡을 수 있도록 준비시키는 것입니다.

목회자는 성도들로 하여금 그들의 사역을 행할 수 있도록 준비시키기 위해 주어졌습니다.

성도들은 ＿＿의 일을 감당할 수 있는 사람으로 준비되어야 합니다.

　　2) 목회자는 성도를 ＿＿시켜야 합니다.

(골 1:28) 우리가 그를 전파하여 각 사람을 권하고 모든 지혜로 각 사람을 가르침은 각 사람을 그리스도 안에서 완전한 자로 세우려 함이니

바울의 가르침의 목적은 각 사람을 완전한 자로 세우는 것이었습니다.

이 완전한 자는 ＿＿＿＿ 자를 말하는데 온전한 자와 같은 의미입니다.

목회자는 성도들을 신앙적으로, 인격적으로, 영적으로 성숙시켜야 합니다.

온전한 사람이 될 때 온전한 사역을 감당하게 됩니다.

　　3) 목회자는 성도를 ＿＿시켜야 합니다.

목회자는 성도들을 봉사의 일을 감당할 수 있는 사람들로 무장시켜야 하고 성도들은 그렇게 무장되어야 합니다.

성도들이 훈련되어 무장되지 않고는 하나님의 일을 감당할 수 없습니다.

교회는 일군들을 보내달라고만 하지 말고 그들을 길러내야 합니다.

목회자가 성도를 무장시키는 사역은 주로 말씀 사역을 통해서 이루어집니다.

3. 성도를 온전하게 하는 목적

(엡 4:12) 이는 성도를 온전하게 하여 봉사의 일을 하게 하며

봉사란 '디아코니아' 로 섬김입니다. 교회의 모든 일은 다 섬김입니다.

목회자가 성도를 무장시키는 목적은 성도들이 봉사의 일을 하게 하기 위한 것입니다.

성도들이 무장되어야 봉사의 일을 감당할 수 있습니다.

일이 먼저가 아니라 ____이 되는 것이 먼저입니다.

예수님의 뜻은 사람을 만드는 것이 먼저이고 그 다음이 일하는 것입니다.

그러므로 신앙의 인격 형성에 우선권을 두어야 합니다.

준비도 안 된 사람에게 일을 맡겨서는 안 되고, 준비되고 성숙하고 무장된 사람에게 일을 맡겨야 합니다.

그런데 목회자만 사역자가 아니라 ____가 봉사의 일을 하는 사역자입니다.

모든 지체가 각자의 위치에서 사역해야 합니다.

교회는 모든 하나님의 백성이 자기들의 은사를 발견하고 활용하도록 돕고 격려해야 합니다.

목회자의 목회를 돕기 위해 존재하는 성도가 아니라 성도들의 사역을 돕기 위해 목회자가 있어야 합니다.

목회자는 성도를 ____ 자이고 성도는 일하는 ______입니다.

교회는 목회자 혼자만 운전하는 ____형보다는 오히려 온 성도들이 달라붙어 끌고 가는 리어카형입니다.

교회는 ______와 같이, 목회자가 지휘를 한다면 성도들 전체가 소리를 내서 찬양하는 것과 같습니다.

목회자는 ______이기보다는 양들을 기르는 목자형이 성경적입니다.

4. 봉사의 목적

성도의 봉사를 통해 그리스도의 몸을 세우는 것이 목적입니다.

'봉사의 일을 하게 하며' 다음에 쉼표(,)가 있어서 봉사의 궁극적 목적은 그리스도의 몸을 세우는 것임을 알 수 있습니다.

봉사의 일을 하여 그리스도의 몸을 세우는 것이 ____들의 일입니다.

여기서 그리스도의 몸은 교회를 말하고 ______을 말합니다.

그리고 '세운다'는 말은 '건축한다'는 뜻입니다.

교회를 성전에 비유해서 성전 건축으로 표현했습니다.

바울은 교회를 건축하는 것과 몸의 성장을 결부시키고 있습니다.

봉사의 일이 그리스도의 몸인 교회를 건축하는 것이라고 하였습니다.

이것은 교회인 성도들의 영적 성장을 말하는 것입니다.

그러니까 성도들이 성도들을 섬김으로 그 신앙을 ____시키는 것입니다.

봉사의 일도 기본적으로 말씀 사역입니다.

(행 20:32) 지금 내가 여러분을 주와 및 그 은혜의 말씀에 부탁하노니 그 말씀이 여러분을 능히 든든히 세우사

말씀만이 교회와 그리스도의 몸의 모든 지체들을 세울 수 있습니다.

성도들이 봉사의 일을 하여 성도들의 신앙을 자라게 해야 합니다.

그러므로 우리는 각 개인 개인에게 관심을 집중시켜야 합니다.

골로새서 1:28의 말씀처럼 각 사람을 완전한 자로, 온전한 자로 세우는 데 힘써야 합니다.

한 영혼을 세우는 일에 힘써야 하는 것은 이것이 교회를 ______ 일이기 때문입니다.

이렇게 모든 그리스도인은 성도들을 상대로 사역할 수 있는 특권을 받았고 봉사함으로 몸 된 교회의 성장을 이루어 나가야 합니다.

5. 성장의 목표

  1) 그리스도의 장성한 분량이 충만한 데까지 이르러야 합니다.

(엡 4:13) 우리가 다 하나님의 아들을 믿는 것과 아는 일에 하나가 되어 온전한 사람을 이루어 그리스도의 장성한 분량이 충만한 데까지 이르리니

(엡 4:14) 이는 우리가 이제부터 어린 아이가 되지 아니하여 사람의 속임수와 간사한 유혹에 빠져 온갖 교훈의 풍조에 밀려 요동하지 않게 하려 함이라

(엡 4:15) 범사에 그에게까지 자랄지라 그는 머리니 곧 그리스도라

머리 되신 그리스도의 ＿＿＿으로 몸 된 교회도 그리스도의 완전한 충만에까지 이르러야 합니다.

그러하기 위해 영적으로 ＿＿＿＿ 어린아이가 되지 말고 온전한 사람인 성숙한 어른이 되어 그리스도를 닮아 가야 합니다.

교회의 성장의 궁극적 목표는 ＿＿＿＿ 그리스도에게까지 자라 가는 것입니다.

교회는 주님의 인격과 성품과 삶의 모든 면에서 성장해 가야 합니다.

2) 성장의 방법

(엡 4:13) 우리가 다 하나님의 아들을 믿는 것과 아는 일에 하나가 되어 온전한 사람을 이루어 그리스도의 장성한 분량이 충만한 데까지 이르리니

교회는 그리스도를 믿는 것과 그리스도에 대한 ＿＿＿이 하나가 되는 결과로 온전한 사람을 이루게 됩니다.

온전하고 성숙한 사람은 ＿＿＿를 말합니다.

그래서 교회는 그리스도의 장성한 분량이 충만한 데까지 이르게 됩니다.

(엡 4:15) 오직 사랑 안에서 참된 것을 하여 범사에 그에게까지 자랄지라

여기서 '참된 것을 하여'는 진리를 지키고 행하는 것을 말합니다.

사랑과 진리가 ＿＿＿을 이루고 사랑 안에서 진리를 말해야 합니다.

(엡 4:16) 그에게서 온 몸이 각 마디를 통하여 도움을 받음으로 연결되고 결합되어 각 지체의 분량대로 역사하여 그 몸을 자라게 하며 사랑 안에서 스스로 세우느니라

여기서 '연결되고'는 '함께 연결하고'이고 '결합되어'는 '함께 연합하여'라는 의미입니다.

교회의 성장 방법은 서로 긴밀하게 ____하여 각 지체의 분량에 따라 주신 은사대로 서로 봉사하여 스스로 성장시켜 가는 것입니다.

각 개인의 신앙이 성장하면 자연히 교회 공동체의 신앙이 성장하게 됩니다.

1. 에베소서 4:12을 본인이 이해한 대로 설명해 보십시오.

   목회자의 주임무가 무엇입니까?

   ____

2. '성도들을 온전하게 한다'는 의미는 무엇입니까?

   평신도는 사역자로서 무엇을 해야 합니까?

   ____

3. 나는 바울의 교회관을 통해 무엇을 깨달았습니까?

   나는 영적으로 어린아이입니까, 어른입니까?

   ____

4. 나는 나의 성장을 위해 어떻게 하겠습니까?

   나는 몸 된 교회의 성장을 위해 구체적으로 어떻게 하겠습니까?

   ____

이 과를 마치면서

1. 교회가 어떻게 성장하는 것이 바람직하다고 생각하십니까?

소감 및 깨달은 말씀

5. 하나님의 가족

"그러므로 이제부터 너희는 외인도 아니요 나그네도 아니요
오직 성도들과 동일한 시민이요 하나님의 권속이라" (엡 2:19)

5

교회에 대한 성경의 비유 가운데 하나가 '하나님의 ___' 입니다.

(엡 2:19) 그러므로 이제부터 너희는 외인도 아니요 나그네도 아니요 오직 성도들과 동일한 시민이요 하나님의 권속이라

여기서 '하나님의 권속'이란 말은 '하나님의 가족'이란 뜻입니다.
유대인은 아브라함의 후손인 것을 자랑하여 하나님의 권속이란 표현을 사용하였지만 이제는 에베소 교인과 같은 _____도 하나님의 가족이 되었습니다.

(갈 6:10) 그러므로 우리는 기회 있는 대로 모든 이에게 착한 일을 하되 더욱 믿음의 가정들에게 할지니라

여기서 '믿음의 가정들'은 신앙(믿음)의 가족들(식구들)인 ___를 가리키는 표현입니다.

(딤전 3:15) 만일 내가 지체하면 너로 하여금 하나님의 집에서 어떻게 행하여야 할지를 알게 하려 함이니 이 집은 살아 계신 하나님의 교회요 진리의 기둥과 터니라

하나님의 집을 하나님의 교회라고 했습니다.
그런데 이 '집'이라는 단어를 영어성경(N.A.S.B)에서는 '가족'이라고 번역했습니다.
한글 성경번역가운데도 가족으로 번역한 성경이 있습니다.

그러니까 하나님의 ___가 하나님의 가족입니다.

예수 믿고 구원받은 사람들이 하나님의 가족 공동체를 이루어 사는 곳이 교회입니다.

그러므로 가정은 작은 교회이고 가정이 모여서 교회를 이룹니다.

교회는 하나님의 가족으로 서로 사랑하며 ___같이 생활하는 곳입니다.

우리는 가정 천국을 이루어야 하고 교회 천국을 이루어야 합니다.

1. 하나님의 가족 공동체

구약에서나 신약에서나 신앙 공동체를 ___으로 표현하고 있습니다.

1) 구약의 가족

(렘 2:4) 야곱의 집과 이스라엘의 집 모든 족속들아 여호와의 말씀을 들으라

이스라엘을 하나의 집, 다시 말해서 가족으로 말하고 있습니다.

구약에서는 아담의 가정으로부터 시작해서 족장시대에는 족장을 중심으로 한 ___ 공동체였습니다.

(수 7:14) 너희는 아침에 너희의 지파대로 가까이 나아오라 여호와께 뽑히는 그 지파는 그 족속대로 가까이 나아올 것이요 여호와께 뽑히는 족속은 그 가족대로 가까이 나아올 것이요 여호와께 뽑히는 그 가족은 그 남자들이 가까이 나아올 것이며

아간이 제비 뽑히는 과정을 통하여 구약의 가족관계를 알 수 있습니다.

아간 가장- 갈미- 삽디 가족- ___ 족속- 유다 지파- 이스라엘 집(총회)

구약 백성들은 점차 하나의 커다란 가족 공동체를 이루어 생활했습니다.

2) 신약의 가족

신약에서도 구속받은 하나님의 자녀들이 하나님의 가족 공동체입니다.

(갈 4:6) 너희가 아들이므로 하나님이 그 아들의 영을 우리 마음 가운데 보내사 아빠 아버지라 부르게 하셨느니라

우리가 믿음으로 하나님의 아들이 되었고 하나님을 아빠 아버지라 부르게 되었습니다.

우리는 하나님을 아버지로 섬기는 하나님의 가족 공동체입니다.

(갈 6:16) 무릇 이 규례를 행하는 자에게와 하나님의 이스라엘에게 평강과 긍휼이 있을지어다

바울은 갈라디아 성도들이 하나님의 __________이라고 말하고 있습니다.

교회가 하나님의 새 가족입니다.

가정- 구역(속회)- 교회(가족)- 노회(지방회)- 대회- 총회

신약에서도 점차 대가족으로 발전하는 것을 볼 수 있습니다.

이렇게 구약이나 신약이나 신앙 공동체를 하나의 가족으로 보았습니다.

2. 가정 교회

신약 성경에 보면 교회가 성도들의 집 다시 말해서 ___에서 모이는 가정 교회 형태였습니다.

(요 20:19) 이 날 곧 안식 후 첫날 저녁 때에 제자들이 유대인들을 두려워하여 모인 곳의 문들을 닫았더니 예수께서 오사 가운데 서서 이르시되 너희에게 평강이 있을지어다

제자들이 주일에 모였을 때에 부활하신 주님이 찾아오신 곳은 가정집이었습니다.

(행 1:13) 들어가 그들이 유하는 다락방으로 올라가니 베드로, 요한, 야고보, 안드레와 빌립, 도마와 바돌로매, 마태와 및 알패오의 아들 야고보, 셀롯인 시몬, 야고보의 아들 유다가 다 거기 있어

오순절에 성령이 강림하신 장소도 마가의 집에 있는 다락방으로 추정 됩니다.

(행 12:5) 이에 베드로는 옥에 갇혔고 교회는 그를 위하여 간절히 하나님께 기도 하더라

(행 12:12) 깨닫고 마가라 하는 요한의 어머니 마리아의 집에 가니 여러 사람이 거기에 모여 기도하고 있더라

요한의 어머니 마리아의 집이 교회로 모인 장소였습니다.

(고전 16:19) 아시아의 교회들이 너희에게 문안하고 아굴라와 브리스가와 및 그 집에 있는 교회가 주 안에서 너희에게 간절히 문안하고

아굴라와 브리스가의 집에서 가정 교회로 모였습니다.

(골 4:15) 라오디게아에 있는 형제들과 눔바와 그 여자의 집에 있는 교회에 문안 하고

눔바의 집에 있는 교회는 가정 교회였습니다.

(몬 1:2) 우리와 함께 병사 된 아킵보와 네 집에 있는 교회에 편지하노니

빌레몬의 집에서도 교회로 모였습니다.

초대교회는 교회 건물에서 모이기보다는 집에서 모이는 가정 교회였 습니다.

또한 하나님의 가족인 교회는 ____ 교회로 모였습니다.

성경에 보면 교회는 고린도 교회, 에베소 교회 등 지역 교회 개념입니 다.

이 지역 교회 안에 수많은 ____에서 모이는 교회들이 있었습니다.

이것이 실제적인 교회였습니다.

가장 기본적인 단위는 각각의 작은 가정입니다.

이 가정들이 모여 평신도가 인도하는 조금 큰 가족 모임을 이룹니다.

이 가족 모임들이 모여서 교회공동체로 신앙 생활하는 것입니다.

지역 교회와 가정 교회가 다 하나님의 ____이고 하나님의 가족입니다.

3. 하나님의 가족은 누구입니까?

(마 12:47) 한 사람이 예수께 여짜오되 보소서 당신의 어머니와 동생들이 당신께 말하려고 밖에 서 있나이다 하니

(마 12:48) 말하던 사람에게 대답하여 이르시되 누가 내 어머니이며 내 동생들이냐 하시고

(마 12:49) 손을 내밀어 제자들을 가리켜 이르시되 나의 어머니와 나의 동생들을 보라

'보라' 이쪽이라고 말씀하시면서 바로 제자들이 나의 ＿＿라고 하셨습니다.

예수님이 새로운 가족 관계를 가르쳐 주셨습니다.

(마 12:50) 누구든지 하늘에 계신 내 아버지의 뜻대로 하는 자가 내 형제요 자매요 어머니이니라 하시더라(막 3:35)

참된 예수님의 가족은 하나님의 뜻대로 하는 자입니다.

(눅 8:21) 예수께서 대답하여 이르시되 내 어머니와 내 동생들은 곧 하나님의 말씀을 듣고 행하는 이 사람들이라 하시니라

하나님의 뜻대로 하는 것은 하나님이 보내신 예수님을 믿고 예수님의 말씀에 순종하는 것입니다. 바로 이런 사람들이 ＿＿ 가족입니다.

그렇다고 육신의 가족 관계를 부인하는 것이 아니라 참된 가족 관계를 밝히시고 영적 가족 관계가 더 중요하다는 것을 말씀하신 것입니다.

주님이 우리를 피로 값 주고 사셨고 성령께서 허물과 죄로 죽은 우리를 거듭나게 하셔서 하나님의 가족이 되게 하셨습니다.

우리는 하나님의 가족이자 지역 교회인 ＿＿ 가족으로 살아갑니다.

이런 공동체에 가입하는 세례를 통해 ＿＿를 함께 하는 공동 운명체로 살아가는 것입니다.

4. 하나님의 가족의 관계

1) 하나님과 성도와의 관계

(갈 3:26) 너희가 다 믿음으로 말미암아 그리스도 예수 안에서 하나님의 아들이 되었으니

하나님은 우리의 아버지이시고 모든 성도들은 그의 자녀들입니다.

모든 성도들은 하나님을 아버지로 모시고 섬기며 살아가는 한 가족입니다.

만왕의 왕이신 하나님이 우리의 아버지십니다.

우리는 하나님의 왕자들이고 공주들인 ______ 자리에 있는 것입니다.

하나님과 성도와의 관계는 ________으로 대단히 영광된 관계입니다.

2) 성도와 성도와의 관계

주님이 우리를 피로 값 주고 사서서 하나님의 가족으로 삼아 주셨습니다.

그리스도 안에서 우리는 주님의 피로 한 _______가 되었습니다.

부모의 피를 나눈 형제도 중요하지만 주님의 피로 하나 된 형제자매는 더 중요합니다.

주님의 사랑을 나누는 형제자매가 되었다는 사실이 얼마나 소중한 관계인지 모릅니다. 형제자매라는 용어는 성경적인 용어입니다.

(행 1:15) 모인 무리의 수가 약 백이십 명이나 되더라 그 때에 베드로가 그 형제들 가운데 일어서서 이르되 (행 1:16) 형제들아

초대교회 성도들은 서로 형제라고 불렀습니다.

(히 2:11) 거룩하게 하시는 이와 거룩하게 함을 입은 자들이 다 한 근원에서 난지라 그러므로 형제라 부르시기를 부끄러워하지 아니하시고

주님께서도 우리를 ____로 불러주시는데 참으로 영광스러운 관계입니다.

가족 관계는 믿음과 ____의 친밀한 관계로 이것보다 더 가까운 관계가

없습니다.

바로 이 가족 관계를 통해서 하나님의 가족 관계를 보여주는 것입니다.

하나님의 가족은 천국에서 영원히 함께 살아갈 _____ 가족입니다.

교회는 하나님의 가족으로 사랑의 가족을 이루어 서로 사랑하며 진짜 가족처럼 진짜 형제자매처럼 살아가야 합니다.

5. 하나님의 가족이 살아가는 방법

교회는 하나님의 가족으로 서로 사랑하며 살아갑니다.

성경이 가르치는 좋은 교회는 ____ 지향적인 교회입니다.

우리는 서로 사랑하는 관계 속에서 살아가야 합니다.

(요 13:34) 새 계명을 너희에게 주노니 서로 사랑하라 내가 너희를 사랑한 것 같이 너희도 서로 사랑하라

(살전 3:12) 또 주께서 우리가 너희를 사랑함과 같이 너희도 피차간과 모든 사람에 대한 사랑이 더욱 많아 넘치게 하사

(벧전 1:22) 마음으로 뜨겁게 서로 사랑하라

(벧전 4:8) 무엇보다도 뜨겁게 서로 사랑할지니 사랑은 허다한 죄를 덮느니라

주님께서 우리를 사랑하신 것과 같이 뜨겁게 서로 사랑하라고 하셨습니다.

그럼 구체적으로 우리가 사랑을 어떻게 실천해야 하겠습니까?

   1) 소극적으로 서로 하지 말아야 할 것이 있습니다.

①서로 ____하지 말라(약 5:9), ②서로 비방하지 말라(약 4:11), ③서로 거짓말하지 말라(골 3:9), ④서로 투기하지 말라(갈 5:26), ⑤서로 ____ 하지 말라(롬 14:13)

   2) 적극적으로 서로 해야 할 것이 있습니다.

①서로 문안하라(롬 16:16), ②서로 받으라(롬 15:7), ③서로 ____하라

(롬12:10), ④서로 용서하라(엡 4:32), ⑤서로 겸손하라(벧전 5:5), ⑥서로 봉사하라(벧전 4:10), ⑦서로 짐을 지라(갈 6:2), ⑧서로 용납하라(엡 4:2), ⑨서로 화목하라(막 9:50), ⑩서로 복종하라(엡 5:21), ⑪서로 대접하라(벧전 4:9), ⑫서로 권면하라((살전 5:11), ⑬서로 위로하라(살전 4:18), ⑭서로 마음을 같이 하라(롬 12:16), ⑮서로 ______ 주라(히 13:16)

이렇게 우리가 서로의 관계 속에서 살아갈 때 사랑이 충만해질 것입니다.

1. 구약이나 신약에서 신앙 공동체를 무엇이라고 하였습니까?

   신약에서 교회라고 부른 것은 무엇입니까?

   ____

2. 예수님의 새 가족은 누구입니까?

   이 새 가족은 서로 어떤 관계이고, 왜 그렇습니까?

   ____

3. 나는 우리 교회 가족들에 대해서 얼마나 알고 있습니까?

   나는 교회 가족들을 알기 위해 어떻게 하겠습니까?

   ____

4. 내가 서로의 관계에서 제대로 하지 못하고 있는 것은 무엇입니까?

   내가 교회 가족 가운데 구체적으로 사랑을 베풀어야 할 것은 무엇입니까?

   ____

이 과를 마치면서

1. 교회가 하나님의 사랑의 가족이 되도록 기도하십시오.

소감 및 깨달은 말씀

6. 초대 예루살렘교회

"그들이 사도의 가르침을 받아 서로 교제하고 떡을 떼며
오로지 기도하기를 힘쓰니라" (행 2:42)

6

초대교회로 돌아가자는 말들을 많이 합니다.

그러나 초대교회라고 _______ 교회는 아니었습니다.

초대교회도 문제가 많은 교회였고 허물 많고 약점이 많은 교회였습니다.

지상에 있는 교회는 어느 교회를 막론하고 완전하지 않습니다.

그럼에도 불구하고 초대교회는 우리가 본받아야 할 아름다운 ____ 공동체의 모습을 보여 주고 있습니다.

초대교회 가운데서도 특히 처음 생겨난 예루살렘 교회는 아름다운 신앙 공동체의 좋은 모델이 되는 교회입니다.

1. 성령 공동체

(행 2:4) 그들이 다 성령의 충만함을 받고

오순절 성경강림 사건으로 120 문도가 다 성령의 충만함을 받게 되었습니다.

초대교회는 오순절에 성령께서 강림하시므로 생겨났습니다.

초대 예루살렘 교회는 ＿＿＿ 교회로 성령이 충만한 교회였습니다.

(행 4:31) 빌기를 다하매 모인 곳이 진동하더니 무리가 다 성령이 충만하여 담대히 하나님의 말씀을 전하니라

성도들이 다 성령의 충만함을 받아 담대히 ＿＿＿하게 되었습니다.

(행 6:5) 온 무리가 이 말을 기뻐하여 믿음과 성령이 충만한 사람 스데반과 또 빌립과 브로고로와 니가노르와 디몬과 바메나와 유대교에 입교했던 안디옥 사람 니골라를 택하여

교회에서 처음 집사로 선택받은 일곱 집사들은 다 성령 충만한 사람들이었습니다.

이렇게 예루살렘 교회는 성령이 계속적으로 충만했던 ＿＿＿ 공동체였습니다.

교회는 성령이 충만한 교회, 성령이 다스리는 교회, 성령께서 ＿＿＿으로 역사하시는 교회, 성령이 나타나시는 교회가 되어야 합니다.

2. 예배 공동체

(행 2:46) 날마다 마음을 같이하여 성전에 모이기를 힘쓰고

예루살렘 교회는 큰 공동체로 성전에서 모였습니다.

그들은 날마다 마음을 같이 해서 성전에 모여 하나님께 예배드렸습니다.

우리가 날마다 모이지는 못해도 주일 예배에는 목숨을 걸어야 합니다.

예수님도 ＿＿＿마다 회당에 가셔서 예배를 드리셨습니다.

예배보다 더 중요한 일은 없습니다.

(출 3:12) 네가 그 백성을 애굽에서 인도하여 낸 후에 너희가 이 산에서 하나님을 섬기리니

우리를 구속하신 목적은 하나님을 예배하기 위해서입니다.

우리가 천국 가서 할 일도 우리를 구속하신 하나님의 은총을 감사 찬송하며 영원히 ＿＿하는 것입니다.

예배를 등한히 하는 것은 하나님께서 주신 큰 ＿＿을 무시하는 것입니다.

구약에서 예배드릴 때 하나님이 영광의 구름으로 임재하여 나타나셨습니다.

하나님이 임재하시고 영광이 나타나는 예배가 되어야 합니다.

3. 교제 공동체

(행 2:42) 서로 교제하고 떡을 떼며

예루살렘 교회는 대그룹으로 함께 모여 공동예배를 드리고 소그룹으로 ＿＿에 흩어져서 서로 교제하였습니다.

(행 2:46) 집에서 떡을 떼며 기쁨과 순전한 마음으로 음식을 먹고

성도들의 집에 돌아가면서 모여 성찬과 ＿＿을 나누며 교제하였습니다.

그들은 가정에 모여 기쁨과 순전한 마음으로 ＿＿을 먹으며 교제하였습니다.

오늘날 가정에서 가족공동체로 모여 교제하는 것은 바람직한 일입니다.

성도의 교제를 통해서 서로 은혜와 힘과 위로를 받게 되고 믿음이 더욱 성장하게 됩니다. 우리는 혼자서 신앙생활 할 수 없습니다.

우리는 ＿＿로서 교제하는 공동체를 이루어 서로 사랑과 은혜와 삶을 나누고 서로 배우고 서로 세워 주어야 합니다.

서로 돌보고 서로의 ___를 채워 주는 아름다운 교제를 나누어야 합니다.

4. 말씀 공동체

(행 2:42) 그들이 사도의 가르침을 받아

사도들은 말씀을 가르쳤고 성도들은 배웠습니다.

(마 28:20) 내가 너희에게 분부한 모든 것을 가르쳐 지키게 하라

제자 삼는 방법은 ___을 가르쳐 지키게 하는 것입니다.

교회는 성도들을 말씀으로 무장하여 _____하는 제자로 교육해야 합니다.

(행 6:4) 우리는 오로지 기도하는 일과 말씀 사역에 힘쓰리라 하니

사도들은 일곱 집사를 세워 구제하는 일을 맡기고 말씀 사역에 더욱 힘썼습니다.

(행 6:7) 하나님의 말씀이 점점 왕성하여 예루살렘에 있는 제자의 수가 더 심히 많아지고 허다한 제사장의 무리도 이 도에 복종하니라

사도들이 말씀 사역에 전무하므로 말씀이 점점 왕성하여 더욱 _____ 되는 역사가 나타났습니다.

칼빈은 교회를 '믿는 자의 어머니'라고 하였습니다.

교회는 어머니와 같이 말씀으로 성도들을 잘 양육하여야 하고 성도들은 교회를 통하여 말씀으로 잘 양육 받아야 합니다.

5. 기도 공동체

(행 2:42) 오로지 기도하기를 힘쓰니라

초대교회 성도들은 전심전력을 다해서 기도하였습니다.

(행 1:14) 여자들과 예수의 어머니 마리아와 예수의 아우들과 더불어 마음을 같이하여 오로지 기도에 힘쓰더라

오순절 성령 강림은 120 문도가 열흘 동안 간절히 기도할 때 임하였습니다.

(행 3:1) 제 구 시 기도 시간에 베드로와 요한이 성전에 올라갈새

매일 기도 시간을 정해 놓고 기도하는 ____을 가지면 좋습니다.

(행 4:31) 빌기를 다하매 모인 곳이 진동하더니 무리가 다 성령이 충만하여 담대히 하나님의 말씀을 전하니라

성도들이 기도할 때 다 성령의 충만함을 받았습니다.

(행 6:4) 우리는 오로지 기도하는 일과 말씀 사역에 힘쓰리라 하니

사도들은 더욱 기도하는 일에 힘쓰리라고 하였습니다.

개인적인 기도와 공동체적인 _______에 힘써야 합니다.

(마 21:13) 기록된 바 내 집은 기도하는 집이라 일컬음을 받으리라 하였거늘

교회는 기도 소리가 끊이지 않는 기도하는 집이 되어야 합니다.

6. 능력 공동체

(행 2:43) 사람마다 두려워하는데 사도들로 말미암아 기사와 표적이 많이 나타나니

초대교회는 성령이 충만하여 성령의 ____으로 기사와 표적이 나타났습니다.

(행 5:12) 사도들의 손을 통하여 민간에 표적과 기사가 많이 일어나매 믿는 사람이 다 마음을 같이하여 솔로몬 행각에 모이고

(행 5:14) 믿고 주께로 나오는 자가 더 많으니 남녀의 큰 무리더라

표적과 기사가 많이 나타나므로 믿는 사람이 많아져 큰 무리가 되었습니다.

(행 5:16) 예루살렘 부근의 수많은 사람들도 모여 병든 사람과 더러운 귀신에게 괴로움 받는 사람을 데리고 와서 다 나음을 얻으니라

병든 사람과 귀신들린 사람들이 ____를 받았습니다.

(행 6:8) 스데반이 은혜와 권능이 충만하여 큰 기사와 표적을 민간에 행하니

(행 8:6) 무리가 빌립의 말도 듣고 행하는 표적도 보고 한마음으로 그가 하는 말을 따르더라 (행 8:7) 많은 사람에게 붙었던 더러운 귀신들이 크게 소리를 지르며 나가고 또 많은 중풍병자와 못 걷는 사람이 나으니

스데반과 빌립 집사를 통해서도 권능과 표적이 나타나서 많은 사람이 믿게 되었습니다.

성령의 ＿＿이 강하게 나타나는 공동체가 되도록 기도합시다.

7. 증거 공동체

초대교회는 성령의 능력으로 전도하는 교회였습니다.

(행 2:4) 그들이 다 성령의 충만함을 받고 성령이 말하게 하심을 따라 다른 언어들로 말하기를 시작하니라

성령의 역사로 전세계에서 모여든 사람들에게 방언으로 복음을 전했습니다.

(행 2:41) 그 말을 받은 사람들은 세례를 받으매 이 날에 신도의 수가 삼천이나 더하더라

베드로의 전도 설교로 3천명이 구원받는 사건이 일어났습니다.

(행 4:31) 빌기를 다하매 모인 곳이 진동하더니 무리가 다 성령이 충만하여 담대히 하나님의 말씀을 전하니라

성도들이 합심해서 기도하자 다 성령의 충만함을 받아 ＿＿ 가운데서도 담대히 말씀을 전하였습니다.

(행 5:42) 그들이 날마다 성전에 있든지 집에 있든지 예수는 그리스도라고 가르치기와 전도하기를 그치지 아니하니라

사도들은 ＿＿ 가운데서도 전도하기를 그치지 않았습니다.

(행 8:4) 그 흩어진 사람들이 두루 다니며 복음의 말씀을 전할새

스데반의 ＿＿로 성도들이 흩어져 가는 곳마다 복음을 전하게 되었습

니다.

초대교회 성도들은 핍박 가운데서도 복음을 전하였는데 우리는 ______ 때에 더욱 복음을 전하는 데 힘써야 할 것입니다.

8. 사랑 공동체

(행 2:44) 믿는 사람이 다 함께 있어 모든 물건을 서로 통용하고

(행 2:45) 또 재산과 소유를 팔아 각 사람의 필요를 따라 나눠 주며

서로의 가진 물건을 ____해서 사용하고 재산과 소유를 성도들의 필요에 따라 나누어주는 놀라운 사랑의 역사가 나타났습니다.

(행 4:34) 그 중에 가난한 사람이 없으니 이는 밭과 집 있는 자는 팔아 그 판 것의 값을 가져다가

(행 4:35) 사도들의 발 앞에 두매 그들이 각 사람의 필요를 따라 나누어 줌이라

공동체 가운데 ______ 사람이 생기면 밭이나 집을 팔아 각 사람의 필요를 따라 나누어 주었습니다.

(행 4:37) 그가 밭이 있으매 팔아 그 값을 가지고 사도들의 발 앞에 두니라

특별히 바나바가 모범이 되어 ____을 실천했습니다.

예루살렘 교회처럼 교회는 사랑의 공동체가 되어야 합니다.

초대교회는 사랑의 공동체를 이루었고 여기가 ____이었습니다.

그래서 구원받는 사람을 날마다 더하게 하셨습니다.

9. 찬양 공동체

(행 2:47) 하나님을 찬미하며

예루살렘 교회는 하나님을 찬미하는 공동체였습니다.

하나님의 은혜를 감사하며 찬송 드리는 데 힘써야 합니다.

성령 충만의 특징 가운데 하나가 _______ 찬양하는 것입니다.

찬양이 넘치는 공동체가 되어야 합니다.

우리가 찬송할 때 하나님께서 찬송을 기뻐 받으시고 함께 기뻐하십니다.

________ 교회는 기쁨으로 찬양하는 교회입니다.

(계 5:13) 내가 또 들으니 하늘 위에와 땅 위에와 땅 아래와 바다 위에와 또 그 가운데 모든 피조물이 이르되 보좌에 앉으신 이와 어린 양에게 찬송과 존귀와 영광과 권능을 세세토록 돌릴지어다 하니

(계 19:5) 보좌에서 음성이 나서 이르시되 하나님의 종들 곧 그를 경외하는 너희들아 작은 자나 큰 자나 다 우리 하나님께 찬송하라 하더라

우리가 천국 가서 하나님께 예배드리며 하나님과 어린 양되신 예수님께 세세토록 ____을 드릴 것입니다.

1. 예루살렘 교회의 아름다운 신앙의 모습은 무엇입니까?

   이 외에도 본받을 점이 있다면 무엇입니까?

   ____

2. 오늘날 이런 초대교회의 모습을 볼 수 없는 이유가 무엇입니까?

   성령 충만의 결과, 교회는 어떤 모습이 되어야 한다고 생각합니까?

   ____

3. 우리 교회가 잘하고 있는 것은 무엇입니까?

   우리 교회가 부족한 점이 있다면 무엇입니까?

   ____

4. 초대교회의 모습을 회복하기 위해 나는 무엇을 하겠습니까?

   내가 우리 교회의 부족한 부분을 채우기 위해 실천할 것은 무엇입니까?

   ____

이 과를 마치면서

1. 교회가 성령 충만하여 사랑의 공동체가 되도록 기도하십시오.

소감 및 깨달은 말씀

7. 성령 하나님

"너희가 악할지라도 좋은 것을 자식에게 줄 줄 알거든 하물며
너희 하늘 아버지께서 구하는 자에게 성령을 주시지 않겠느냐 하시니라" (눅 11:13)

7

성령님은 누구시고 어떤 분이십니까?

성령께서는 삼위일체 하나님의 제 ＿＿이신 하나님이시고 성부와 성
자와 동등하신 분으로 ＿＿을 가지고 계십니다.

성령님은 신, 영, 기운, 숨, 바람, 생기, 성령, 성신, 거룩한 영 등으로 다
양하게 표현되고 있습니다.

성령이란 거룩한 영(Holy Spirit)이라는 뜻입니다.

'영'이란 바람이나 숨(기운)이라는 단어와 같은 말이기도 합니다.

1. 성령이 역사 가운데 활동하신 일들

　1) 성령께서는 구약에서 ____ 때부터 참여하셨습니다.

(창 1:2) 땅이 혼돈하고 공허하며 흑암이 깊음 위에 있고 하나님의 영은 수면 위에 운행하시니라

　2) 성령께서 인간에게 ______ 거하셨습니다.

(창 6:3) 여호와께서 이르시되 나의 영이 영원히 사람과 함께 하지 아니하리니 이는 그들이 육신이 됨이라 그러나 그들의 날은 백이십 년이 되리라 하시니라

성령께서 인간이 타락하기 전과 타락한 이후에도 함께 거하셨습니다.

　3) 성령께서 죄를 ____하는 역할을 하셨습니다.

　4) 성령께서는 사람들에게 문화적 재능을 주셨습니다.

　5) 성령께서 사람들에게 능력을 주셨습니다.

(삿 15:14) 여호와의 영이 삼손에게 갑자기 임하시매 그 팔 위의 밧줄이 불탄 삼과 같이 그의 결박되었던 손에서 떨어진지라

　6) 성령께서는 예수님에게 충만히 거하셨습니다.

(요 3:34) 하나님이 보내신 이는 하나님의 말씀을 하나니 이는 하나님이 성령을 한량 없이 주심이니라

　7) 약속하신 대로 사람들에게 성령을 부어 주셨습니다.

(행 2:33) 하나님이 오른손으로 예수를 높이시매 그가 약속하신 성령을 아버지께 받아서 너희가 보고 듣는 이것을 부어 주셨느니라

　8) 성령께서 성도들 안에 ____ 하십니다.

(고전 6:19) 너희 몸은 너희가 하나님께로부터 받은 바 너희 가운데 계신 성령의 전인 줄을 알지 못하느냐

　9) 최종적으로 천국에서도 성령의 완전한 다스림 가운데 살게 될 것입니다.

(계 21:3) 하나님의 장막이 사람들과 함께 있으매 하나님이 그들과 함께 계시리니 그들은 하나님의 백성이 되고 하나님은 친히 그들과 함께 계셔서

2. 성령의 명칭들

1) 하나님의 신, 예수 그리스도의 영

성령은 성부와 성자로부터 ______ 나오십니다.

2) 영원하신 성령

(히 9:14) 하물며 영원하신 성령으로 말미암아 흠 없는 자기를 하나님께 드린 그리스도의 피가 어찌 너희 양심을 죽은 행실에서 깨끗하게 하고

3) ____의 성령

(롬 8:2) 이는 그리스도 예수 안에 있는 생명의 성령의 법이 죄와 사망의 법에서 너를 해방하였음이라

4) 성결의 영

(롬 1:4) 성결의 영으로는 죽은 자들 가운데서 부활하사 능력으로 하나님의 아들로 선포되셨으니 곧 우리 주 예수 그리스도시니라

5) 진리의 성령

(요 16:13) 그러나 진리의 성령이 오시면 그가 너희를 모든 진리 가운데로 인도하시리니 그가 스스로 말하지 않고 오직 들은 것을 말하며 장래 일을 너희에게 알리시리라

6) 약속의 성령

(엡 1:13) 그 안에서 또한 믿어 약속의 성령으로 인치심을 받았으니

7) 은혜의 성령

(히 10:29) 하물며 하나님의 아들을 짓밟고 자기를 거룩하게 한 언약의 피를 부정한 것으로 여기고 은혜의 성령을 욕되게 하는 자가 당연히 받을 형벌은 얼마나 더 무겁겠느냐

8) 영광의 영

(벧전 4:14) 영광의 영 곧 하나님의 영이 너희 위에 계심이라

9) 보혜사

(요 14:26) 보혜사 곧 아버지께서 내 이름으로 보내실 성령

예수님이 보혜사이시고 성령께서는 ＿＿ 보혜사로서 예수님이 하시던
사역을 대신하십니다.

3. 성령의 상징들

1) 바람

(요 3:8) 바람이 임의로 불매 네가 그 소리는 들어도 어디서 와서 어디로 가는지
알지 못하나니 성령으로 난 사람도 다 그러하니라

(행 2:2) 홀연히 하늘로부터 급하고 강한 바람 같은 소리가 있어

바람과 같이 성령은 볼 수 없으나 성령이 하신 일은 알 수 있습니다.

바람과 같이 성령도 급하고 강한 바람 같이 ＿＿이 있으십니다.

2) ＿＿

(창 2:7) 여호와 하나님이 땅의 흙으로 사람을 지으시고 생기를 그 코에 불어넣
으시니 사람이 생령이 되니라

생기를 불어넣은 것은 생명을 준 것을 의미합니다.

3) 물(생수)

(요 7:38) 나를 믿는 자는 성경에 이름과 같이 그 배에서 생수의 강이 흘러나오리
라 하시니 (요 7:39) 이는 그를 믿는 자들이 받을 성령을 가리켜 말씀하신 것이라

성령께서 갈급하고 목마른 인생에게 ＿＿＿을 줍니다.

4) 불

(행 2:3) 마치 불의 혀같이 갈라지는 것들이 그들에게 보여 각 사람 위에 하나씩
임하여 있더니

불이 태우는 능력이 있는 것과 같이 불은 성령의 능력의 상징입니다.

불의 ＿＿하는 능력과 같이 성령께서는 죄를 소멸하시고 성결케 합니다.

5) 기름

(행 10:38) 하나님이 나사렛 예수에게 성령과 능력을 기름 붓듯 하셨으매

구약에서 왕과 제사장과 선지자 직분을 임직할 때 기름을 부어 세웠는

데 이것은 ____ 주심을 상징하였습니다.

　6) 비둘기

(눅 3:22) 성령이 비둘기 같은 형체로 그의 위에 강림하시더니

비둘기는 온유와 순결과 화평의 상징으로 성령을 상징합니다.

　7) 인

(엡 1:13) 그 안에서 너희도 진리의 말씀 곧 너희의 구원의 복음을 듣고 그 안에서 또한 믿어 약속의 성령으로 인치심을 받았으니

성령의 인치심은 우리의 구원에 대한 ____입니다.

4. 성령의 사역들

　1) 기도의 영

(슥 12:10) 내가 다윗의 집과 예루살렘 주민에게 은총과 간구하는 심령을 부어 주리니

성령께서는 기도하게 하시는 간구의 영이십니다.

(롬 8:26) 이와 같이 성령도 우리 연약함을 도우시나니 우리는 마땅히 기도할 바를 알지 못하나 오직 성령이 말할 수 없는 탄식으로 우리를 위하여 친히 간구하시느니라

성령께서 우리를 위해 기도하시고 하나님의 ______ 기도하도록 도우십니다.

　2) ___의 영

(슥 12:10) 내가 다윗의 집과 예루살렘 주민에게 은총과 간구하는 심령을 부어 주리니 그들이 그 찌른 바 그를 바라보고 그를 위하여 애통하기를 독자를 위하여 애통하듯 하며 그를 위하여 통곡하기를 장자를 위하여 통곡하듯 하리로다

(행 2:37) 그들이 이 말을 듣고 마음에 찔려 베드로와 다른 사도들에게 물어 이르되 형제들아 우리가 어찌할꼬 하거늘

기도할 때에 성령께서는 죄를 깨달아 회개하게 하십니다.

3) 사랑의 영

(롬 5:5) 우리에게 주신 성령으로 말미암아 하나님의 사랑이 우리 마음에 부은 바 됨이니

성령께서 우리에게 하나님의 사랑을 부어 주십니다.

4) 생명의 영

(롬 8:2) 이는 그리스도 예수 안에 있는 생명의 성령의 법이 죄와 사망의 법에서 너를 해방하였음이라

(요 3:5) 예수께서 대답하시되 진실로 진실로 네게 이르노니 사람이 물과 성령으로 나지 아니하면 하나님의 나라에 들어갈 수 없느니라

성령께서는 생명을 주시고 죽은 영혼을 거듭나게 하시는 분입니다.

5) ＿＿의 영

(요 14:26) 보혜사 곧 아버지께서 내 이름으로 보내실 성령 그가 너희에게 모든 것을 가르치시고 내가 너희에게 말한 모든 것을 생각나게 하리라

(요16:13) 그러나 진리의 성령이 오시면 그가 너희를 모든 진리 가운데로 인도하시리니

성령께서 조명해 주시고 가르쳐 주시므로 진리를 깨닫게 되고 알게 됩니다.

6) 비전의 영

(욜 2:28) 그 후에 내가 내 영을 만민에게 부어 주리니 너희 자녀들이 장래 일을 말할 것이며 너희 늙은이는 꿈을 꾸며 너희 젊은이는 이상을 볼 것이며

여기서 '이상' 은 비전이며 성령께서 ＿＿ 비전을 보게 하십니다.

7) 전도의 영

(행 1:8) 오직 성령이 너희에게 임하시면 너희가 권능을 받고 예루살렘과 온 유대와 사마리아와 땅 끝까지 이르러 내 증인이 되리라 하시니라

성령께서 복음 전도의 능력을 주십니다.

5. 성령을 받는 방법과 결과

1) 성령을 받는 방법

① 예수님을 ＿＿＿ 때

(갈 3:14) 또 우리로 하여금 믿음으로 말미암아 성령의 약속을 받게 하려 함이라

② 모여서 기도할 때

(행 1:14) 여자들과 예수의 어머니 마리아와 예수의 아우들과 더불어 마음을 같이하여 오로지 기도에 힘쓰더라

(눅 11:13) 너희가 악할지라도 좋은 것을 자식에게 줄 줄 알거든 하물며 너희 하늘 아버지께서 구하는 자에게 성령을 주시지 않겠느냐 하시니라

하나님께서 기도하는 자에게 성령을 선물로 주십니다.

③ ＿＿＿할 때

(행 2:38) 베드로가 이르되 너희가 회개하여 각각 예수 그리스도의 이름으로 세례를 받고 죄 사함을 받으라 그리하면 성령의 선물을 받으리니

④ 말씀을 들을 때

(행 10:44) 베드로가 이 말 할 때에 성령이 말씀 듣는 모든 사람에게 내려오시니

2) 성령을 받은 결과

① 하나님을 아버지라고 부르게 하십니다.

(롬 8:15) 너희는 다시 무서워하는 종의 영을 받지 아니하고 양자의 영을 받았으므로 아빠 아버지라고 부르짖느니라

② 죄를 ＿＿＿＿＿ 능력을 주십니다.

(롬 8:13) 너희가 육신대로 살면 반드시 죽을 것이로되 영으로써 몸의 행실을 죽이면 살리니

③ 거룩하게 하십니다.

(벧전 1:2) 하나님 아버지의 미리 아심을 따라 성령이 거룩하게 하심으로 순종함과 예수 그리스도의 피 뿌림을 얻기 위하여 택하심을 받은 자들에게 편지하노니

④ 그리스도를 증거하게 하십니다.

(요 15:26) 아버지께로부터 나오시는 진리의 성령이 오실 때에 그가 나를 증언하실 것이요

⑤ 그리스도의 ＿＿＿을 나타내십니다.

(요 16:14) 그가 내 영광을 나타내리니 내 것을 가지고 너희에게 알리시겠음이라

1. 성령님은 어떤 분이십니까?

   구약과 신약의 성령의 사역은 어떻게 다릅니까?

2. 성령의 명칭들과 상징들은 무엇이고 그 의미는 무엇입니까?

3. 나는 성령께서 하시는 어떤 일들을 경험해 보았습니까?

   내가 성령에 대해 알고 있었던 것과 다른 점이 있다면 무엇입니까?

4. 나는 성령 충만하기 위해 어떻게 하겠습니까?

   나는 성령 받은 사람으로 어떤 삶을 살겠습니까?

이 과를 마치면서

1. 성령 충만하여 성령의 능력이 나타나는 삶이 되도록 기도하십시오.

소감 및 깨달은 말씀

출 석 부

제　　　권　　제자양육, 훈련, 무장 과정　　　단계

출석 ／8 – 지각　　　　　　예습 A,B,C 중　　　　기도 5번 일 : 10분 이상

날짜	과	이 름	출 석	예 습	성경읽기	기 도	큐 티	암 송	과 제	인도자

두루제자훈련 제자화 과정 •

| 제자 양육 과정 5단계(35과) |

 1권 110 제자 양육 1단계(7과): 그리스도의 복음

 2권 120 제자 양육 2단계(7과): 그리스도인의 성장

 3권 130 제자 양육 3단계(7과): 그리스도인의 새생활

 4권 140 제자 양육 4단계(7과): 그리스도의 교회

 5권 150 제자 양육 5단계(7과): 그리스도인의 예배

| 제자 훈련 과정 5단계(35과) |

 6권 210 제자 훈련 1단계(7과): 그리스도인의 새생명

 7권 220 제자 훈련 2단계(7과): 그리스도인의 확신

 8권 230 제자 훈련 3단계(7과): 그리스도인의 생활

 9권 240 제자 훈련 4단계(7과): 그리스도의 교리

 10권 250 제자 훈련 5단계(7과): 그리스도인의 성숙

| 제자 무장 과정 5단계(35과) |

 11권 310 제자 무장 1단계(7과): 그리스도의 제자

 12권 320 제자 무장 2단계(7과): 그리스도인의 성품

 13권 330 제자 무장 3단계(7과): 그리스도의 제자도

 14권 340 제자 무장 4단계(7과): 그리스도인의 사역

 15권 350 제자 무장 5단계(7과): 그리스도인의 지도력

우리는 평신도를 제자화하여 하나님의 나라를 확장한다.

1. 1992.1.28. 마태복음 9:35-38에 예수님이 모든 도시와 마을에 두루 다니사 가르치시며(teaching ministry) 전파하시며(preaching ministry) 고치시는(healing ministry) 사역을 하신 것을 통하여 두루선교에 대한 비전을 주셨다.

2. 우리는 교회를 중심한 제자훈련을 열심히 실시하여 왔으며 우리의 목표는 평신도를 제자화하여 하나님 나라를 확장하는 것이다.

3. 2004. 9.5. 창대교회에서 두루선교대회를 개최하여 캠퍼스 간사와 리더들과 평신도 리더들을 파송하고 지부와 교회 사역자들과 후원 이사들을 위촉하였다.

4. 두루제자훈련원 세미나는 2004년 12월 겨울학기부터 시작하게 되었는데 1년 7학기로 정기세미나를 실시하고 있다.

   1) 초봄 학기: 2월~3월 7주   4) 여름 학기: 8월 집중   7) 겨울학기: 1월 집중
   2) 봄 학기: 4월~5월 7주   5) 가을 학기: 9월~10월 7주
   3) 늦봄 학기: 6월~7월 7주   6) 늦가을학기: 11월~12월 7주

5. 현재 세미나는 목회자반과 평신도반이 개설되어 있으며 캠퍼스는 연세대, 서울대, 이화여대 등 여러 대학에서 사역하고 있다.

6. 두루제자훈련원 중점 사역들(교회 중심의 제자훈련)

   1) 단계별 소그룹 성경공부

      ① 제자양육과정(5단계: 35과)

      ② 제자훈련과정(5단계: 35과)

      ③ 제자무장과정(5단계: 35과)

   2) 주제별(연역적인 방법) 성경강의(100 Topics)

   3) 책별(귀납적인 방법) 성경연구(신구약 66권)

   4) 제자수련회를 통한 영성훈련

7. 세미나 및 교재에 대한 문의

   두루제자훈련원 평생 전화/ 0505-500-0505

   이메일 · duru@hanmail.net   홈페이지 · www.durums.org

   해외나 멀리 계신 분은 인터넷으로 통화할 수 있습니다.

8. 해외나 지역, 교회, 캠퍼스, 직장 등에서 제자훈련 사역을 하실 분은 연락 바랍니다.

9. 등록 및 후원 입금계좌: 신한은행 110-115-963454 (계좌명: 두루선교회)

저자 이문선 목사

총신대학교 신학대학원 3년 재학 중 제자훈련을 연구하여 논문을 작성하였고 캘리포니아신학대학원에서 제자훈련 논문을 출판하였다. 비브리칼신학대학원 목회학 박사과정 논문을 준비하고 있으며 지금까지 20년 이상 제자훈련을 연구하며 실시하고 있다. 현재 대한예수교장로회 총회(합동) 서울북노회 창대교회(일산) 담임 목사로 섬기고 있으며 프리셉트 전문 강사로 일산을 중심으로 1998년부터 8년째 90학기(10주 과정) 정도 신구약 성경을 강의하였다. 두루제자훈련원(두루선교회)을 설립하여 2004년 12월부터 1년 7학기로 정기세미나를 인도하고 있으며 현재 목회자반과 평신도반을 강의하고 있고 연세대와 서울대와 이화여대를 중심으로 캠퍼스 사역을 실시하고 있다.

논문: 제자훈련의 이론과 실제
교재: 두루제자화 과정

제1권 110 제자양육 1단계 그리스도의 복음	제2권 120 제자양육 2단계 그리스도인의 성장
제3권 130 제자양육 3단계 그리스도인의 새생활	제4권 140 제자양육 4단계 그리스도의 교회
제5권 150 제자양육 5단계 그리스도인의 예배	제6권 210 제자훈련 1단계 그리스도인의 새생명
제7권 220 제자훈련 2단계 그리스도인의 확신	제8권 230 제자훈련 3단계 그리스도인의 생활
제9권 240 제자훈련 4단계 그리스도의 교리	제10권 250 제자훈련 5단계 그리스도인의 성숙
제11권 310 제자무장 1단계 그리스도의 제자	제12권 320 제자무장 2단계 그리스도인의 성품
제13권 330 제자무장 3단계 그리스도의 제자도	제14권 340 제자무장 4단계 그리스도인의 사역
제15권 350 제자무장 5단계 그리스도인의 지도력	

두 루 제 자 훈 련 원　제 자 화　과 정
제4권 제자양육 4단계 그리스도의 교회

초판1쇄 발행일 ｜ 2006년 9월 30일
재판5쇄 발행일 ｜ 2025년 1월 22일

지은이｜이문선　펴낸이｜김학룡　펴낸곳｜엔크리스토
마케팅｜유영진, 조형준　관리부｜강주영, 황동주, 정원모
교정｜김의수, 임유진　표지그림｜진형주

출판등록｜2004년 12월 8일(제2004-116호)
주소｜경기도 고양시 일산동구 장항동 585-2
전화｜(031) 906-9191　팩스｜0505-365-9191
이메일｜9191@korea.com
공급처｜(주)기독교출판유통

ISBN 89-92027-05-2 04230
　　　 89-92027-02-8(세트)

● 잘못된 책은 바꾸어 드립니다.
● 이 교재의 사용 방법, 내용, 훈련, 세미나에 대한 문의는 두루제자훈련원(0505-500-0505)으로 해주시면 최선을 다해 도와드리겠습니다.